C.H.BECK WISSEN

in der Beck'schen Reihe

Die Türkei liegt geographisch, kulturell und historisch auf der Schwelle zwischen Europa und Asien. Diese Lage ist in vielfacher Hinsicht ein zentraler Faktor der türkischen Politik. Mit der 1999 gefallenen Entscheidung der Europäischen Union, die Türkei zu einem Kandidaten für eine Vollmitgliedschaft zu machen, hat das Land einen tiefgreifenden Wandlungsprozeß vor sich.

Udo Steinbach schildert knapp und anschaulich die innen- und außenpolitische Entwicklung der Türkei vom Untergang des Osmanischen Reichs nach dem Ersten Weltkrieg über die türkische Staatsgründung im Jahre 1923 und den mühsamen Wandel vom Einparteistaat zur Demokratie bis in die Gegenwart. Besondere Aufmerksamkeit gilt den innenpolitischen Spannungsfeldern – etwa der Rolle des Islam oder der Politik gegenüber Minderheiten – und nicht zuletzt der sensiblen geopolitischen Rolle des Landes am Schnittpunkt unterschiedlicher wirtschaftlicher und strategischer Interessen.

Udo Steinbach, geboren 1943, apl. Professor an der Universität Hamburg, ist seit 1976 Direktor des Deutschen Orient-Instituts und gilt als herausragender Experte für den Nahen und Mittleren Osten. Der von ihm zusammen mit Werner Ende im Verlag C.H.Beck herausgegebene Band „Der Islam in der Gegenwart" liegt bereits in vierter, neubearbeiteter Auflage vor (1996).

Udo Steinbach

GESCHICHTE DER TÜRKEI

Verlag C. H. Beck

Mit 2 Karten

1. Auflage. 2000
2., durchgesehene Auflage. 2001

3., durchgesehene und aktualisierte Auflage. 2003

Originalausgabe

Gesamtherstellung: Druckerei C. H. Beck, Nördlingen
Umschlagentwurf: Uwe Göbel, München
Printed in Germany
ISBN 3 406 44743 0

www.beck.de

Inhalt

Erläuterung zu Schreibweise und Aussprache

Für die Schreibweise von türkischen Begriffen, Eigennamen, Ortsbezeichnungen usw. wird die moderne Orthographie verwendet, Besonderheiten der Aussprache ergeben sich bei folgenden Zeichen:

â/î	Längenzeichen
c	wie in „*Dsch*ungel“
ç	tsch wie „Ku*tsch*e“
ğ	Zäpfchen-r wie in „*R*inde“
h	immer konsonantischer Hauchlaut, nicht Dehnungszeichen
ı	für das „dumpfe“ i
j	wie in französisch „*j*ournal“
r	stets Zungen-r
ş	wie in „*Sch*ande“
y	wie deutsches j
z	wie in „*S*and“

Osmanische Begriffe usw. werden so weit wie möglich in moderner türkischer Orthographie wiedergegeben.

Abkürzungen türkischer Parteien

ANAP	Anavatan Partisi (Mutterlandspartei)
AP	Adalet Partisi (Gerechtigkeitspartei)
CHP	Cumhuriyet Halk Partisi (Republikanische Volkspartei)
DEP	Demokrasi Partisi (Demokratie-Partei)
DP	Demokrat Parti (Demokratische Partei)
DSP	Demokrat Sol Partisi (Partei der Demokratischen Linken)
DYP	Doğru Yol Partisi (Partei des Rechten Weges)
FP	Fazilet Partisi (Tugendpartei)
HADEP	Halkın Demokrasi Partisi (Volksdemokratie-Partei)
HEP	Halkın Emek Partisi (Volksarbeitspartei)
MHP	Milliyetçi Hareket Partisi (Partei der Nationalistischen Bewegung)
MSP	Millî Selamet Partisi (Nationale Heilspartei)
SCF	Serbest Cumhuriyet Fırkası (Freie Republikanische Partei)
SHP	Sosyal Demokrat Halkçı Parti (Sozialdemokratische Volkspartei)

Vorwort

Zu Beginn des 21. Jahrhunderts befindet sich die Türkei in einem tiefgreifenden Umbruch. Dies gilt in innergesellschaftlicher und innenpolitischer Dimension: Der uniforme, türkischnationale und laizistische Staat hat sich gesellschaftlich, religiös, ethnisch und kulturell zu differenzieren begonnen. Dies gilt aber auch in außenpolitischer Dimension: An den Grenzen des Landes, insbesondere auf dem Balkan und im Kaukasus/Zentralasien, haben staatliche Zerfallsprozesse eingesetzt, die noch nicht abgeschlossen sind. Die Herausforderungen berühren die Türkei in doppelter Weise: Zum einen muß die türkische Führung nach Wegen suchen, neue politische und gesellschaftliche Kräfte demokratisch zu integrieren. Zum anderen fällt der Türkei in ihrem regionalen Umfeld eine aktive gestaltende Rolle zu – dies in Regionen, wo das Land eine geschichtliche Rolle gespielt hat oder wo den Türkei-Türken verwandte Turkvölker leben. Zugleich ist die Türkei – ein Land von hoher sicherheitspolitischer Bedeutung – noch immer auf dem Wege, Mitglied der Europäischen Union (EU) zu werden. Ob dieser Weg erfolgreich beschritten wird, wird von der Lösung der inneren Probleme abhängen. Die EU aber wie auch die USA haben ihrerseits ein starkes Interesse daran, die Türkei als einen stabilen Partner an ihrer Seite zu haben. Hinzu kommt die wachsende Zahl türkischer Migranten in der EU, vor allem in Deutschland. Ihre Stellung in Europa hängt auch mit der Frage zusammen, ob und wie die Türkei ihre inneren Probleme zu lösen vermag. Aus der Verquickung der inneren Entwicklung des Landes selbst mit den Interessen des Westens auf dem Balkan, im Kaukasus/Zentralasien und dem Vorderen Orient ergibt sich die besondere Qualität der Beziehungen.

I. Zur Herkunft der Türken

Die Stammheimat der Türken, deren Geschichte bis ins 6. Jahrhundert n. Chr. zurückverfolgt werden kann, ist das mittelasiatische Gebiet, das von den Gebirgen Altai und Sajan an der sibirisch-mongolischen Grenze, Tienschan an der Grenze zwischen Kasachstan und Chinesisch-Turkestan, Altın-Tag an der Nordwestgrenze Tibets und Chingan in Nordostchina eingefaßt wird. Von hier aus sollen die verschiedenen Turkvölker zu ihren späteren Wohnsitzen gezogen sein. Im Großraum zwischen ihrer alten Heimat im Osten und dem Kaspischen Meer im Westen gründeten die Türken eine wechselnde Folge von Staatswesen – zunächst als mehr oder minder lose Verbände von Nomadenstämmen. Sprachlich bildeten und bilden die Türken trotz der weiten Ausdehnung ihres Lebensraumes – bei Berücksichtigung zahlreicher Eigentümlichkeiten der Turksprachen – insofern eine Einheit, als auch heute die Türkei-Türken in den ethnischen und sprachlichen Kontext *der Turkvölker* insgesamt gestellt werden können.

Nach und nach nahmen türkische Stämme, die mit dem islamischen Religions- und Kulturkreis in Berührung kamen, den Islam an. Die Urväter der heutigen Türken waren Angehörige des Stammes der Seldschuken, der sich um die Mitte des 11. Jahrhunderts aufmachte, nicht nur den an seine Heimat angrenzenden iranisch-afghanischen Raum, sondern schließlich auch das Herz der islamischen Welt mit der Hauptstadt Bagdad, dem Sitz des Kalifen, zu erobern. Im Jahre 1055 zog der Seldschuke Tuğrıl in Bagdad ein. Als *Sultan* (ein Titel, den er vom Kalifen empfing) wurde er Begründer des großseldschukischen Reiches, das für die folgenden Jahrzehnte die Geschicke des islamischen Kernlandes wesentlich bestimmte.

II. Das Osmanische Reich

Mit der Gründung des großseldschukischen Reiches beginnt das Eindringen der Türken in das Land, das heute die Türkei ist. 1071 schlägt Alp Arslan (1036–1072) bei Manzikert (türkisch Malazgirt) die byzantinischen Streitkräfte und öffnet so das Land für das Eindringen der *Türkmenen* (wie sie von den Quellen bezeichnet werden). Sie sind in ethnischer Hinsicht im wesentlichen die Urahnen des türkischen Bevölkerungsteils der heutigen Türkei. Während dem großseldschukischen Reich keine lange Lebensdauer beschieden war, begannen die Türkmenen in dem neu eroberten und besiedelten Raum eine Reihe von Staatswesen zu gründen, unter denen das Reich der Rumseldschuken, das heißt der *römischen*, auf dem Boden des Oströmischen Reiches lebenden Seldschuken, an politischer Macht und kultureller Entfaltung herausragte. Unter der Herrschaft des Sultans Alaeddin Keikubad I. (1220–1237) erstreckte es sich von Ostanatolien bis tief in den Westen Kleinasiens hinein.

Der Macht der Seldschukenfürsten setzten die hereinbrechenden Mongolen Anfang des 13. Jahrhunderts ein Ende. Am Rande des zusammenbrechenden Seldschukenreiches bildete sich eine Reihe von unabhängigen Kleinfürstentümern.

Osman (1281–1326), der Ahnherr der osmanischen Dynastie, hatte sich zunächst als eifriger Glaubenskrieger durch militärische Aktionen gegen seine christlichen Nachbarn einen Namen gemacht. Im Gegensatz zu ähnlichen Unternehmungen anderer Kriegsherren verstand er es, seine Eroberungen durch die Einrichtung einer wirksamen Verwaltung zu festigen. Zugleich schuf er ein hierarchisch geordnetes stehendes Berufsheer, das zu einem schlagkräftigen Instrument bei der raschen Ausbreitung des Emirats werden sollte. Osmans Sohn Orhan (1326–1360) setzte die Ausbreitung des jungen Staates tatkräftig fort. Unter ihm drangen türkische Truppen um 1350 zum ersten Mal tief auf europäisches Gebiet vor und errichteten einen Brückenkopf, von dem aus sie die Eroberung des Balkans planmäßig betreiben konnten. 1361 gelang es, Adrianopel (türkisch Edirne), die zweitwichtigste Stadt des byzantinischen Rest-Staates, zu erobern. Vier Jahre später verlegte Murat I. (1360–1389) den Sultansitz von Bursa aus dorthin. Die Ausbreitung der osmanischen Macht auf dem Balkan konnte nun zügig vorangetrieben werden. Mit der Schlacht auf dem Amselfeld (Kosowo Polje, 1389) kam Serbien unter die Oberhoheit der Osmanen. Unter Murat I. erhielt der osmanische Staat auch im Inneren eine für die kommenden Jahrhunderte weitgehend bestimmende Ausprägung. Der Herrscher, nunmehr als *Sultan* bezeichnet, war sein Zentrum; er war der Staat schlechthin. Das Schwergewicht der Staatsmacht lag beim Militär. Dies wurde nicht zuletzt durch die Tatsache unterstrichen, daß das wichtigste Amt der zivilen Rechtspflege mit dem entsprechenden militärischen Amt verbunden war: Der vom Sultan ernannte Heeresrichter war zugleich oberster Richter des Osmanenstaates. Grundlage der Rechtsprechung war das islamische Religionsgesetz; wo in diesem keine Regelungen gegeben waren, konnten ergänzend weltliche Gesetze (*Kanun*) erlassen werden.

Grundlage der sozialen Struktur war ein Lehenssystem, das dem europäischen in gewissen Zügen ähnelte, aber auch eigentümliche Unterschiede aufwies. Jeder bewährte Krieger hatte Anspruch auf ein Stück Land (*Timar*); als Gegenleistung hatte er als belehnter Reitersoldat zu dienen. Erst später wurden auch Zivilbeamte Nutznießer des zunächst ausschließlich militärischen Timar-Systems. Die Pfründen waren nicht erblich. Sie konnten nicht nur jederzeit zurückgezogen werden, sondern fielen mit dem Tod des Inhabers automatisch dem Staat zur Neuvergabe anheim.

Das osmanische Herr wurde unter Murat durch die Truppe der *Janitscharen* ergänzt. Die Angehörigen dieser Truppe rekrutierten sich zunächst aus jugendlichen Kriegsgefangenen. Später wurden sie systematisch unter den Knaben der unterworfenen christlichen Völker ausgehoben (Praxis der Knabenlese). Kinder zumeist bäuerlicher Balkanvölker wurden ihren Eltern weggenommen, zum Islam bekehrt, in besonderen Schulen erzogen und ausgebildet und bedingungslos auf die Person des Sultans eingeschworen. Sie blieben auch nach ihrer Ausbildung in den Kasernen und waren einer harten Zucht unterworfen. Sie durften nicht heiraten; jegliche sexuelle Betätigung war ihnen verboten.

Im Zuge der weiteren Ausbreitung des Reiches wurde Murats Nachfolger Bayezit I. (1389–1402) im Osten mit einer anderen Großmacht konfrontiert: dem Reich des tatarisch-türkischen Timur, des auch im Abendland wegen seiner Grausamkeit berüchtigten Tamerlan. Aus Zentralasien stammend, hatte er ein Reich erobert, das unter anderem Teile Nordindiens, aber auch Iran und Mesopotamien einschloß. In der Entscheidungsschlacht von Ankara (1402) unterlag der Sultan, geriet in Gefangenschaft und starb bald danach. Das Osmanische Reich schien vom Zerfall bedroht. Sein Wiederaufstieg war das Werk von Sultan Mehmet I. (1413–1421). Während er die mit dem Rückzug Timurs auseinanderfallenden Teile wieder zusammenfügte, nahm sein Sohn Murat II. (1421–1451) die Eroberungs- und Ausdehnungspolitik seiner Vorgänger wieder auf. Sie gipfelte in der Eroberung Konstantinopels am 29.5.1453 durch seinen Nachfolger Mehmet II. (1451–1481). Schon lange war der *Goldene Apfel*, wie die osmanischen Historiker Byzanz bezeichnen, nur noch eine Art Insel im Meer des osmanischen Staates gewesen. Nach der Eroberung verlegte Mehmet die Hauptstadt von Edirne nach Konstantinopel, fortan meist auch Istanbul genannt. Unter Mehmet II. wurde die Verwaltung ausgebaut; die Macht und Autorität des Sultans wurden weiter gestärkt. Ein Wort verdient die Stellung der nicht-islamischen Völker und Religionsgemeinschaften innerhalb des vom Islam geprägten Reiches. Christen und Juden genossen den Status einer *millet*, d.h. einer (eigenständigen) Gemeinde. Sie waren zwar Untertanen des Sultans und mußten an ihn Steuern entrichten, doch waren sie in der Verwaltung ihrer inneren, darunter vornehmlich rechtlichen und religiösen Angelegenheiten weitgehend autonom; auch waren sie vom Dienst in der osmanischen Armee ausgeschlossen. Ihre religiösen Würdenträger (so etwa der Patriarch von Konstantinopel) erhielten bedeutende Privilegien. Sie waren nicht zuletzt auch die politischen Führer ihrer Gemeinden und vertraten diese gegenüber dem osmanischen Staat.

Wenn auch die Eroberung von Konstantinopel endgültig den Aufstieg des osmanischen Staates zur Großmacht, ja zum Weltreich markierte, so war doch die territoriale Ausdehnung noch keineswegs abgeschlossen. Selim I. (1512–1520) vermochte nunmehr ganz Anatolien dem Reich hinzuzufügen und es zugleich gegen den aufsteigenden Staat der persischen Safawiden (seit 1501) zu verteidigen. Die Eroberung Syriens schloß sich an, und 1517 gelang es dem Sultan, mit der Eroberung Kairos auch Ägypten einzuverleiben. Bei dieser Gelegenheit fiel den Osmanen ein – wenngleich schattenhafter – Nachfahre jener abbasidischen Kalifen in die Hände, die bis zur Eroberung durch die Mongolen (1258) in Bagdad residiert hatten. Wenn auch mit dieser Würde schon damals keinerlei politische Macht mehr verbunden war, so war der Kalif der Idee nach doch noch immer der Nachfolger des Propheten Mohammed in der Führung seiner Gemeinde, also Statthalter Allahs auf Erden. Er war die Verkörperung der islamischen Staatsidee schlechthin und manifestierte die Einheit der Muslime. Selim ließ den Kalifen nach Istanbul bringen, wo dieser bald darauf seine Würde auf den Sultan übertragen haben soll. Später – gegen Ende des Reiches – sollten sich die Sultan-Kalifen verstärkt auf diese Würde besinnen und daraus ihre Legitimation als Oberhaupt und Führer aller Muslime ableiten. Das religiöse Element in der Legitimation der Osmanen wurde zudem dadurch gestärkt, daß ihnen mit der Eroberung Kairos auch die heiligen Städte Mekka und Medina in die Hände fielen, mit deren Schutz und Verwaltung sie betraut waren.

Mit Süleyman (dem Prächtigen, 1520–1566) erhielt dann das Reich seine größte Ausdehnung. Süleyman konnte die Wirren, die in Europa durch die Reformationskriege und die Zwistigkeiten der europäischen Mächte entstanden waren, ausnutzen und auf dem Balkan weitere Gewinne machen. Der erste Versuch der Osmanen (1529), in einem Großangriff

Wien zu erobern, scheiterte zwar, doch behielten sie weite Teile Ungarns bis einschließlich Ofen, der alten ungarischen Hauptstadt (heute Buda, der westlich der Donau liegende Stadtteil von Budapest). Der systematische Aufbau einer Flotte verschaffte ihnen zeitweilig – gegen Venedig – die Vorherrschaft im östlichen Mittelmeer, und mit der Eroberung von Tunis vermochten sie ihren Einfluß bis nach Nordafrika auszudehnen.

In der Pflege der Kunst und der Architektur hat Süleyman bleibende Leistungen hervorgebracht. Und mit der Entfaltung der höfischen Pracht hat er gegenüber dem Ausland klar gemacht, daß das Reich keineswegs eine Ansammlung religiös fanatischer, barbarischer Krieger war, sondern an Organisation und Zivilisation mit seinen Gegnern und Rivalen mithalten konnte. Wie sich aber schon bei seinem unmittelbaren Nachfolger zeigen sollte, war hinter der Zurschaustellung eines so gefestigten Staatswesens der Verfall angelegt.

Angesichts des immer dichter werdenden diplomatischen Verkehrs zwischen der Hohen Pforte (d.h. der osmanischen Regierung; so bezeichnet nach der Eingangspforte des alten Sultanpalastes, der seit Beginn des 18. Jahrhunderts Sitz des Großwesirs war) und europäischen Staaten vollzog sich unter Süleyman die Anerkennung des Osmanischen Reiches als einer europäischen Macht. Mit dem zunehmend mächtiger werdenden Habsburgischen Reich standen die Osmanen nach der gescheiterten Belagerung von Wien in einer dauernden Folge von kriegerischen und diplomatischen Kontakten. Ähnliches gilt auch für einige der italienischen Stadtstaaten, vornehmlich Venedig. Am nachdrücklichsten aber wurde die Anerkennung des Osmanischen Reiches in jenem Vertrag bekundet, den Frankreich und das Reich 1536 abschlossen, in der europäischen historischen Literatur als Kapitulation bezeichnet. Er regelte Fragen des Handels, der Rechtsprechung über Franzosen auf osmanischem Territorium, der konsularischen Vertretung von Franzosen bei der Hohen Pforte sowie der Behandlung von Kriegsgefangenen. Zur Zeit des Abschlusses entsprach der Vertrag den Interessen beider Mächte, konnte man doch hoffen, auf diese Weise den gemeinsamen Gegner, das Habsburgische Reich, in die Zange nehmen zu können. In späteren Zeiten freilich, als das Reich kaum mehr war als ein Spielball europäischer Mächte, wurden ähnliche Verträge (Kapitulationen) zu einem Instrument, die Souveränität und innere Stabilität des Osmanischen Reiches zu unterminieren.

Süleymans Nachfolger nach 46jähriger Herrschaft, Selim II. (1566–1574), einer seiner Söhne, war von jenem Schlag, der von nun an kennzeichnend für zahlreiche der Sultane sein sollte, die in den nächsten Jahrhunderten in Istanbul an die Macht kamen. Wenn auch die schlechte Qualität zahlreicher Herrscher nicht ausschließlich den Niedergang erklären kann, so ist dies doch ein wesentlicher Faktor gewesen. Immerhin ist erstaunlich, daß sich das Reich so lange noch hat halten können und daß die Phase des Niedergangs diejenige des Aufstiegs an Länge nicht unerheblich übertrifft. Zum Teil hat dies darin seine Ursache, daß sich unter den Großwesiren immer wieder starke Persönlichkeiten befanden, die die Verwaltung des Reiches nach innen wie nach außen vorübergehend in Ordnung zu bringen vermochten. Zum anderen kann nicht übersehen werden, daß seit dem Ende des 18. Jahrhunderts die europäischen Großmächte eifersüchtig darüber wachten, daß Schwäche und Zerfall des Osmanischen Reiches nicht das Gleichgewicht der Kräfte verändern würden. So war man in London, Petersburg, Paris und andernorts eher bereit, das schwache Reich am Leben zu erhalten als durch seine Beendigung machtpolitische Nachteile zu riskieren.

Auf die Darstellung der Etappen des Niedergangs kann an dieser Stelle verzichtet werden. Im wesentlichen war es die Aufweichung der wirtschaftlichen, sozialen, politischen und militärischen Grundlagen, die das Reich in eine Dauerkrise zog. Der Niedergang des Timar-Systems, der neben anderen Konsequenzen zur Verelendung weiter Teile der Landbevölkerung führte, die anhaltende wirtschaftliche Krise, die darin ihre Wurzeln hatte, daß die wirtschaftlich-finanzielle Kapazität in wachsendem Mißverhältnis zu den Erfordernissen der Verwaltung des Großreiches stand, die um sich greifende Käuflichkeit der Ämter und die Verstrickung der Sultane in einen Harem, der zeitweilig mehr als 2000 Personen umfaßte – dies sind einige der wichtigsten Ursachen für diese Entwicklung.

Nach 1610 ließ sich aber auch militärisch kaum noch verhehlen, daß es mit dem Reich bergab ging. Angesichts der wirtschaftlichen Schwierigkeiten suchten sich zahlreiche Angehörige der regulären Armee vor dem Waffendienst zu drücken oder wurden durch wirtschaftliche Not gezwungen, sich Banden anzuschließen, die plündernd umherzogen. Noch ernster aber war die Degenerierung der einstigen Elitetruppe, der Janitscharen. Die strenge Rekrutierung und Ausbildung wurde gelockert (um 1650 wurde die Knabenlese ganz abgeschafft). Anwärter aller Bevölkerungsschichten trachteten nun danach, in die nach wie vor lukrative Truppe einzutreten, ohne die Härte des Dienstes in Kauf zu nehmen. So wurde das Zölibat ebenso durchbrochen wie der Zwang zu einer kasernierten Lebensweise. Zugleich vermochten die Janitscharen angesichts wachsender Auflösung der gesellschaftlichen und politischen Strukturen immer mehr Macht im Innern an sich zu ziehen. In dem Maße, in dem sich die Sultane in den Palast zurückzogen, wuchs die Macht des „Janitscharen-Agha“, des Oberkommandierenden der Truppe. So wurden die Janitscharen eine Macht, die im Falle von Unzufriedenheit in die Politik eingriff, bis sie schließlich auch vor der Person der Sultane nicht mehr haltmachte, diese vielmehr gelegentlich abzusetzen und in die Nachfolge einzugreifen suchte.

Vor dem Hintergrund einer anhaltenden inneren Krisensituation des Reiches wirkt die zweite Belagerung Wiens (1683) unter der Herrschaft von Sultan Mehmet IV. (1648–1687) wie ein letztes Aufbäumen. Trotz der beachtlichen Heeresstärke von etwa 200000 Mann (bei ca. 250000 Gesamtstärke der osmanischen Armee) gelang es Kara Mustafa Pascha, dem Großwesir und Oberkommandierenden, nicht, die Stadt gegen die habsburgischen Truppen und ihre Verbündeten zu erobern.

Mit der vernichtenden Niederlage der Osmanen am Kahlenberg (12.9.1683) setzte eine Kette militärischer Rückschläge ein, die auch bald zu bedeutenden territorialen Verlusten führten. Schon 1686 wurde Ofen aus anderthalb Jahrhunderte währender türkischer Herrschaft befreit; im Osten drängten die Russen unter dem jungen Zaren, Peter dem Großen, an das Asowsche und Schwarze Meer. Der Friede von Karlowitz (1699) war das erste einer Reihe von ähnlichen Abkommen, in denen die Osmanen mehr und mehr aus ihren europäischen Besitzungen hinausgedrängt wurden. Der Name des Prinzen Eugen von Savoyen (1663–1736) in den Diensten Habsburgs sollte für die folgenden Jahrzehnte diese Wendung in der Geschichte des Osmanischen Reiches gleichsam personifizieren.

Der Niedergang des Osmanischen Reiches war immer weniger von den Machtverhältnissen zwischen den europäischen Mächten zu trennen. Rußland, England und das habsburgische Österreich waren die Eckpunkte des Kräftedreiecks; aber auch Frankreich (mit traditionell guten Beziehungen zur Hohen Pforte) und seit Mitte des 18. Jahrhunderts auch Preußen machten in der Auseinandersetzung um das Osmanische Reich ihre Interessen geltend.

Mit dem Frieden von Küçük Kaynarca (1774), der den russisch-türkischen Krieg beendete, verlor das Osmanische Reich weite Teile in Europa und auf dem Balkan. Nicht weniger schwerwiegend war, daß Rußland ein Schutzrecht für die auf osmanischem Territorium lebenden orthodoxen Christen eingeräumt wurde, wie es Frankreich bereits in der „Kapitulation" von 1740 über die Katholiken erhalten hatte. Es sollte sich erweisen, daß damit europäischer Einmischung Tür und Tor geöffnet war. Das Osmanische Reich hatte seine Großmachtstellung eingebüßt. Erst jetzt besann sich der Sultan (Abdülhamit I., 1774–1789) auf seinen religiösen Status, den Selim I. nach der Eroberung Kairos angenommen hatte: Wenn die Krim auch nunmehr politisch an Rußland verloren war, so wurde doch festgelegt, daß das Khanat der Krimtataren dem osmanischen Sultan-Kalifen wenigstens noch in seiner Eigenschaft als religiöses Oberhaupt der islamischen Welt verpflichtet bleiben sollte.

Das Osmanische Reich war zum Gegenstand der „Orientalischen Frage" geworden, die erst mit dem Ende des Reiches

1918 „beantwortet“ sein sollte. Dem wachsenden äußeren Druck, dem sich seit 1798, dem Jahr der Besetzung Ägyptens durch französische Truppen unter Napoleon, auch Frankreich anschloß, und der anhaltenden inneren Schwäche suchte die Hohe Pforte seit dem Beginn des 19. Jahrhunderts durch Reformen zu begegnen. Begonnen wurde die Serie durch einschneidende Reformen des Militärwesens, die das Ziel hatten, die osmanische Armee an europäischen Vorbildern auszurichten. Die Janitscharen machten den Versuch, die Maßnahmen zu verhindern und setzten 1807 den fortschrittlichen Sultan Selim III. (seit 1789) ab. Nach kurzem Zwischenspiel setzte Mahmut II. (1808–1839) das Werk fort, wobei es ihm gelang, das herkömmliche Janitscharenkorps auszuschalten. Neben die Reform des Militärwesens traten in den folgenden Jahrzehnten Reformen in den Bereichen der Verwaltung, des Rechtswesens und der Schulbildung. Insgesamt sollten sich diese als nicht weitreichend genug erweisen. Sie waren nur punktuell und führten nicht zu einer Ablösung der alten Ordnung, sondern zu einer politischen, gesellschaftlichen und kulturellen Zweigleisigkeit, die es den Gegnern der „Verwestlichung“ immer wieder ermöglichte, den Modernisierungsprozeß zu blockieren.

Die Reformmaßnahmen sollten nicht nur eine Stärkung des Reiches bewirken. Sie waren zugleich darauf gerichtet, ihm ein Erscheinungsbild zu geben, das es den europäischen Mächten erleichtern würde, es als einen Teil Europas zu sehen und mithin die ständige Konfrontation abzubauen. In dieser Richtung sollte insbesondere die Neuordnung wirken, die am 3.11.1839 als *Tanzîmât-i Hayriye* (Heilsame Neuordnung) erlassen und im Februar 1856 durch das *Hatt-i Hümayun*, das „Großherrliche Handschreiben“, ergänzt und bekräftigt wurde. Neben Maßnahmen, die unter anderem das Steuersystem betrafen, beinhalteten sie so grundlegende Prinzipien wie die Sicherheit des Lebens, der Ehre und des Privateigentums, die Einführung einer gerechten und öffentlichen Rechtsprechung und die Gleichheit für die Anhänger aller Religionsgemeinschaften. Letzteres bedeutete, daß die bislang politisch „diskriminierten“ Nicht-Muslime im Reich künftig ebenfalls –

im Prinzip – ohne Einschränkung volle osmanische Staatsbürger sein sollten. Die verkündeten Prinzipien sollten insgesamt eine Etappe auf dem Weg des Reiches in Richtung auf eine europäische freiheitlich-bürgerliche Gesellschaftsordnung markieren. Ein weiterer Meilenstein hätte schließlich die 1876 von Sultan Abdülhamit II. (1876–1909) proklamierte Verfassung sein sollen.

Gerade aber das Schicksal der Verfassung, die schon 1878 (nach dem Berliner Kongreß) vom Sultan widerrufen und unter dem Druck der „Jungtürken" erst nach 1908 wieder in Kraft gesetzt wurde, macht deutlich, daß alle Maßnahmen den inneren und äußeren Druck nicht zu mindern vermochten. Zwar wurde durch den Friedensvertrag von Paris (1856) die Unversehrtheit des Reiches garantiert und dieses gleichzeitig offiziell in das europäische Staatensystem aufgenommen. Doch die nationalen Bewegungen unter den nicht-islamischen Völkern strebten mit wachsendem Nachdruck nach Unabhängigkeit und wurden dabei von den europäischen Mächten unterstützt. 1829/30 mußte Griechenland als erste Nation in die Unabhängigkeit entlassen werden. Mit dem Berliner Kongreß, der die türkisch-russische Balkankrise beendete (1878; der deutsche Reichskanzler Bismarck suchte dabei die Rolle des „ehrlichen Maklers" zu spielen), schieden Rumänien, Serbien und Montenegro aus dem osmanischen Staatsverband aus.

Der fortschreitenden politischen Zerstückelung ging die wirtschaftliche Durchdringung seitens der sich im Zuge der Industrialisierung rasch entwickelnden europäischen Staaten einher. Nicht zuletzt die „Kapitulationen", die von immer mehr Staaten auf immer weitere Bereiche ausgedehnt wurden, erwiesen sich als ein Instrument, das Land mehr und mehr in Abhängigkeit zu bringen. Diese Kapitulationen sicherten die ungehinderte Einfuhr europäischer Manufakturprodukte, wodurch das Land mit billigen europäischen Waren überschwemmt und die Entwicklung einheimischer Industrien erschwert oder verhindert wurde. Sogar die handwerkliche Produktion ging rapide zurück. Europäer erhielten auch Konzessionen für die Ausbeutung und den Export von Bodenschätzen. Die großen europäischen Mächte unterhielten eigene Postdienste in der Türkei. Europäisches Kapital finanzierte den Straßenbau, die Elektrifizierung und vor allem den Eisenbahnbau; deutsches Kapital beispielsweise den Bau der „Bagdadbahn“ (die Strecke von Istanbul nach Bagdad, deren letzter Teilabschnitt erst 1940 fertiggestellt wurde).

Das Mißverhältnis zwischen den Kosten der Kriegführung sowie einer verschwenderischen Ausgabenpolitik auf der einen und einer ständigen Geldknappheit auf der anderen Seite verschuldete das Reich gegenüber europäischen Staaten. Im Oktober 1875 schließlich mußte die Hohe Pforte den Staatsbankrott erklären. Die Umschuldung vertiefte ihre Abhängigkeit vom Ausland. Nicht zuletzt wirtschaftliche Argumente waren es auch, mit denen Frankreich in Nordafrika und England in Ägypten ihren Einfluß vergrößerten. 1881 besetzte Frankreich den osmanischen Vasallenstaat Tunesien; ein Jahr später tat England ein gleiches in Ägypten. Die formale Oberhoheit des Sultans blieb aber erhalten.

Schließlich brachte die Politik der europäischen Mächte eine deutliche Stärkung namentlich auch der wirtschaftlichen Stellung der nicht-islamischen Minderheiten im Orient mit sich. Die daraus entstehenden Spannungen mit dem islamischen Umfeld sollten sich im Falle der Armenier am Ende auf tragische Weise entladen. Hatten diese als angesehene Untertanen des Sultans auch politischen Einfluß gehabt, so verschlechterten sich die Beziehungen mit dem Erwachen eines türkischen und armenischen Nationalismus. Einige armenische Gruppen forderten einen armenischen Staat und arbeiteten mit Rußland zusammen. Die osmanische Regierung sah die Armenier als Helfer ihrer Kriegsgegner an und plante deshalb eine Radikallösung des Armenierproblems. Ein große, heute noch umstrittene Zahl von Armeniern (Schätzung 1,5 Mio.) fiel 1915 den Verfolgungen, die als „Umsiedlungsaktionen“ erklärt waren, zum Opfer. Die Türkei verweigert sich bis heute einer historischen Aufarbeitung dieser ersten systematischen Massenvernichtung des 20. Jahrhunderts.

Die lange Regierungszeit Abdülhamits II. brachte zwar äußerlich einige Jahre der Stabilität, doch bedeutete sie zugleich die Ruhe vor dem Sturm, der schließlich das Reich hinwegfegen sollte. Gegen die autoritäre Herrschaft des Sultans baute sich seit Ende der achtziger Jahre eine innere Opposition auf, die unter dem Namen *Ittihat ve terakki cemiyeti* (Komitee für Einheit und Fortschritt) im Ausland als die „Jungtürken" bekannt wurde. Unter sich in mehrere Gruppen gespalten, forderte sie die Wiedereinführung der Verfassung sowie die Versöhnung und Zusammenarbeit mit den nationalen Minderheiten durch Dezentralisierung und Föderalisierung des osmanischen Staates. Ein anderer Flügel stellte demgegenüber einen starken türkischen Nationalismus als integrierendes Element in den Vordergrund.

1908 kam es zur Kraftprobe zwischen den Jungtürken, die mit den Jahren Teile der Armee auf ihre Seite zu ziehen vermocht hatten, und dem Sultan. Abdülhamit wurde gezwungen, die Verfassung wieder in Kraft zu setzen; die Jungtürken übernahmen die Regierung. Angesichts des anhaltenden Drucks von außen setzten sich unter ihnen bald diejenigen durch, die in einer radikalen Türkifizierung des Reiches die Lösung seiner Probleme sahen. Diese sollte sich insofern als katastrophaler Fehler erweisen, als sie nicht nur die Feindschaft der christlichen Bevölkerung einbrachte, sondern in wachsendem Maße auch die nicht-türkischen muslimischen Völker, namentlich die Araber, gegen die Führung in Istanbul aufbrachte. Auch sonst konnten die Jungtürken nicht verhindern, daß weitere Teile des Reiches verloren wurden. Dies gilt namentlich für die beiden Balkankriege (1912/13), in denen nahezu alle Besitztümer auf dem Balkan aufgegeben werden mußten und die Jungtürken in Europa praktisch nur den Besitzstand zu halten vermochten, der später zum Gebiet der neuen Türkei werden sollte.

Seit dem Ende des 19. Jahrhunderts hatte sich in der türkischen Führung aus politischen wie psychologischen Gründen eine deutliche Hinwendung zu Deutschland vollzogen. Diese erstreckte sich auf das Gebiet der militärischen Zusammenarbeit ebenso wie auf die Vergabe weitreichender Infrastrukturprojekte, von denen die Bagdadbahn das populärste wurde. Die Jungtürken, unter denen sich viele Bewunderer des Deutschen Reiches befanden, verstärkten diese Zusammenarbeit noch. Als der Erste Weltkrieg ausbrach, konnte Deutschland mit dem Osmanischen Reich ein Geheimbündnis schließen, das schließlich zum Eintritt des Reiches in den Krieg an der Seite Deutschlands führte. Noch einmal war die Hohe Pforte gezwungen, einen Mehrfrontenkrieg zu führen, den sie ebenso wenig gewinnen konnte wie Deutschland in der Lage war, die osmanische Armee wirksam zu unterstützen. Im Kaukasusgebiet war Rußland, im Irak und am Suezkanal England der Gegner. Außerdem kämpften osmanische Verbände in Galizien, Mazedonien und Rumänien. Wieder waren es darüber hinaus auch innenpolitische Gegner, die dem Reiche zu schaffen machten. Nach nahezu einem Jahrhundert innerer Erhebungen waren es in der Endphase nun die – meist muslimischen – Araber, die, von der trügerischen Verheißung Englands auf einen eigenen Staat angestachelt, sich im Namen des arabischen Nationalismus gegen den „islamischen" Staat auflehnten. Die Ausrufung des „Heiligen Krieges" seitens des Sultan-Kalifen sollte demgegenüber kaum noch Gehör finden.

III. Die Geburt der neuen Türkei

Als sich die osmanische Staatsführung am 30.10.1918 im Waffenstillstand von Mudros den Siegermächten auf Gedeih und Verderb ergab, war ein Reich an sein Ende gekommen, das über viele Jahrhunderte Europa erstaunt und erschreckt hatte. Was aber würde aus der anatolischen Restmasse werden, die (neben Rußland, das aber 1917 als Machtfaktor ausschied) England, Frankreich, Italien, Griechenland, aber auch Armenier und Kurden unter sich aufzuteilen willens waren?

Die neue Türkei ist das Ergebnis eines revolutionären Umbruchs. Wie stets bei Revolutionen haben viele Kräfte – auch widerstreitende – daran mitgewirkt. Am Ende aber hat dieser Revolution ein Mann die Richtung gegeben, dem das türkische Parlament 1934, nach getaner Arbeit, den Namen „Atatürk", „Vater der Türken", verliehen hat. Mustafa Kemal wurde 1881 geboren. Schon sein Geburtsort, das heutige Thessaloniki, mag nicht ohne Einfluß auf seinen Werdegang gewesen sein. Die Stadt war ein Schmelztiegel vieler Völker zwischen Asien und Europa. Die drei Weltreligionen lebten hier friedlich zusammen, das Klima war weltoffen. Europäische Ideen entfalteten ihre Wirkung in zahlreichen intellektuellen und politischen Strömungen in der Stadt und im Umfeld. Schon früh bestimmte der Vater den Jungen für die militärische Karriere und schuf ihm damit eine Möglichkeit, aus seinem armseligen Milieu – die Mutter war eine Bauerntochter anatolischer Herkunft und der Vater ein kleiner Beamter und erfolgloser Kaufmann – auszubrechen. Die Laufbahn eines Offiziers eröffnete dem Knaben die Möglichkeit zur Entfaltung seiner Persönlichkeit und zum gesellschaftlichen Aufstieg.

Die militärische Karriere verlief geradlinig. Daneben aber ließ sich Mustafa Kemal mit der Politik ein. Er kam mit Persönlichkeiten und Strömungen in Berührung, die auf eine Veränderung der Zustände in Konstantinopel hinarbeiteten. An der Revolution vom 23.7.1908, durch die die Verfassung von 1876 wieder in Kraft gesetzt wurde, war er freilich noch nicht führend beteiligt. Die Initiative lag in den Händen des *Komitees für Einheit und Fortschritt*, an dessen Spitze Talat und Enver standen. Mustafa Kemal war die Revolution nicht radikal genug.

Mustafa Kemal war entschieden gegen den Eintritt des Osmanischen Reiches an der Seite Deutschlands in den Ersten Weltkrieg. Doch es war dieser Krieg, der ihm militärischen Ruhm bringen sollte. Der erste Schauplatz waren die Dardanellen, wo die osmanische Armee zu einem schließlich siegreichen Kampf gegen eine englisch-französische Invasionsarmee antrat. Der Sieg in der Dardanellenschlacht 1915 verhinderte einen frühzeitigen Fall Konstantinopels. Die Niederlage des Reiches war allerdings auch durch brillante militärische Einzelleistungen nicht aufzuhalten. Seine letzte Verwendung im Krieg fand er im August 1918, als er zum Kommandeur der 7. Armee in Syrien ernannt wurde. Dort mußte er – gemeinsam mit Marschall Liman von Sanders – die unausweichliche Niederlage erleben.

Nach dem erniedrigenden Waffenstillstand galt es zunächst, einen Kampf um den Erhalt staatlichen Territoriums für einen neuen türkischen Staat zu bestehen. Nach dem Vertrag von Sèvres, der am 10.8.1920 von einer Delegation des Sultans unterschrieben wurde, war den Türken nicht mehr als ein Rumpfstaat mit der Hauptstadt Istanbul zugedacht. Ostthrazien und die Region Izmir wurden Griechenland zugeschlagen, die Meerengen internationalisiert. In Ostanatolien sollte ein unabhängiger armenischer Staat entstehen. Frankreich errichtete Mandate in Syrien und im Libanon sowie eine Einflußzone in Südanatolien; Großbritannien war entsprechendes in Palästina, Transjordanien und Mesopotamien (Irak), das die ölreiche Provinz Mossul umfaßte, eingeräumt worden. Der südwestliche Teil von Kleinasien sollte italienisches Einflußgebiet werden. Die kurdische Region nördlich von Mossul verblieb zwar im osmanischen Staat, sollte aber einen autonomen Status erhalten und das Recht haben, innerhalb eines Jahres beim Völkerbund die Unabhängigkeit zu beantragen.

Zu dem Zeitpunkt, als der Vertrag von einer Sultansdelegation unterschrieben wurde, lag bereits mehr als ein Jahr stürmischer innerer Entwicklung hinter dem ausgebluteten Anatolien. Seit dem Waffenstillstand hatte das *Komitee für Einheit und Fortschritt* begonnen, in den Provinzen die öffentliche Meinung dafür zu sensibilisieren, daß Teile des Landes der Gefahr ausgesetzt waren, von der Rumpf-Türkei, auf die das Imperium zusammengeschmolzen war, abgetrennt zu werden. Nummer 12 der „14 Punkte" des amerikanischen Präsidenten Wilson vom 8.1.1918 sicherte den türkischen Gebieten des Reiches Souveränität zu. Um zu verhüten, daß türkische Gebiete vom Rest des Landes abgespalten würden, galt es vordringlich zu demonstrieren, daß abtrennungsgefährdete Gebiete in ihrer überwältigenden Mehrheit tatsächlich türkisch-muslimisch waren und beim Mutterland verbleiben wollten.

Noch heute wird der 19. Mai als nationaler Feiertag begangen. Denn an diesem Tag im Jahre 1919 landete Mustafa Kemal in Samsun, um den Befehl des Sultans auszuführen, die nationalistischen Unruhen in Zentralanatolien zu beenden, über die die Alliierten, die Istanbul kontrollierten, beunruhigt waren. Am 15. 5., einen Tag bevor Mustafa Kemal in Istanbul an Bord ging, hatten griechische Truppen Smyrna (Izmir) besetzt; und als er in Samsun landete, riefen Griechen im benachbarten Trapezunt (Trabzon) eine „Pontische Republik" aus.

Zunächst mußte der nationalen Bewegung eine Art verfassungsmäßiger Grundlage und ein Programm gegeben werden. Am 23.7.1919 trafen sich in Erzurum die Delegierten aller *Sancaks* Anatoliens, also der überkommenen Verwaltungseinheiten, die nicht unter unmittelbarer Kontrolle durch die Regierung in Istanbul standen. Beschlossen wurde eine 10-Punkte-Resolution: Sie bestätigte die Entschlossenheit der sechs östlichen Provinzen, im Reich zu verbleiben; zugleich aber wurde darin die territoriale Integrität und nationale Souveränität aller Landesteile innerhalb der Waffenstillstandslinien sowie anderer Territorien, in denen Muslime die Mehrheit bildeten, gefordert. Die nationalen Kräfte sollten beauftragt werden, die nationale Unabhängigkeit zu erhalten sowie Sultanat und Kalifat zu schützen. Am Ende wurde ein Repräsentativkomitee mit Mustafa Kemal als Präsident gewählt. Nach dem auf Erzurum folgenden Kongreß von Sivas (4.–11.9.), auf dem die Beschlüsse von Erzurum bestätigt wurden und sich der Kongreß als *Gesellschaft zur Verteidigung der nationalen Rechte von ganz Anatolien und Thrazien* (*Anadolu ve Rumeli müdafaa-i hukuk-u milliye cemiyeti*) konstituierte, verstand sich das Repräsentativkomitee nunmehr als nationale Exekutive der Widerstandsbewegung. Noch bedeutete das freilich nicht den Bruch mit der verfassungsmäßigen Ordnung. Der Kongreß versicherte den Sultan seiner uneingeschränkten Loyalität und verlangte lediglich die Einsetzung einer neuen patriotischen Regierung in Konstantinopel.

Im Dezember 1919 fand sich der Sultan zu Wahlen zum Parlament in Konstantinopel bereit. Die Nationalisten und Gesinnungsfreunde Mustafa Kemals gewannen die Mehrheit. Organisiert als *Gruppe zur Rettung des Vaterlandes* (*Felâh-i vatan grubu*), verabschiedeten sie am 20.1.1920 ein Dokument, das als „Nationalpakt" (*Misâk-i millî*) Grundlage der nationalen Bestrebungen der Widerstands- und Befreiungsbewegung werden sollte. Bemerkenswert war, daß der Nationalpakt nicht die nationale Souveränität „der Türken", sondern aller „muslimischen Osmanen" forderte. Im wesentlichen bedeutete dies: von Türken und Kurden.

Das Parlament in Konstantinopel erwies sich als kurzlebig. Denn schon am 16.3.1920 besetzten britische Truppen Konstantinopel. Als sie führende Mitglieder der Fellâh-Fraktion gefangensetzten, löste sich das letzte osmanische Parlament aus Protest auf. Bereits im Dezember war das Repräsentativkomitee nach Ankara umgezogen. Am 17.2.1920 hatte es den Nationalpakt als offizielles Aktionsprogramm angenommen und agierte mithin von nun als Sprecher der Widerstandsbewegung. Als die Nachricht von der Besetzung Istanbuls Ankara erreichte, lud Mustafa Kemal die Parlamentarier ein, nach Ankara zu kommen und ihre Sitze in einer „Nationalversammlung" einzunehmen. So wurde die *Große Nationalversammlung* (*Büyük millet meclisi*) konstituiert, die am 23.4. 1920 unter der Präsidentschaft Mustafa Kemals zum ersten Mal zusammentrat. Damit war das Tischtuch durchschnitten. Die Autorität des Sultans wurde zwar nominell anerkannt. Das Parlament in Ankara aber verstand sich nun selbst als Ausdruck des nationalen Willens. In die konfliktgeladene Situation schlug im August die Nachricht vom Abschluß des Vertrages von Sèvres mit seinen erniedrigenden Bedingungen wie eine Bombe ein. Die Nationalversammlung in Ankara lehnte den Vertrag ab und klagte die Regierungsvertreter als Hochverräter an. Das war ein Sturzbach auf die Mühlen Mustafa Kemals und seiner Gefolgschaft. Nicht länger erschienen sie als Rebellen gegen eine geheiligte Ordnung; sie waren nunmehr die Avantgarde im Überlebenskampf der Türkei. Der militärische Kampf gegen die Okkupanten konnte beginnen.

Der Kampf gegen Armenien, welches sich auch auf die Provinzen Kars und Ardahan erstreckte, brach im September 1920 los und war kurz und gnadenlos. Im Frieden von Gümrü (Alexandropolis) (2.12.1920) wurden diese Gebiete, die 1878 an Rußland gefallen waren, wieder türkisch. Die Griechen hatten, ausgehend von dem „Brückenkopf" Smyrna (Izmir), der mit der Landung im Mai 1919 geschaffen worden war, im Laufe des Sommers 1920 die asiatische Küste des Marmarameeres besetzt und drangen nun ins Landesinnere vor. Der Winter 1920/21 brachte dann eine erste Wende. Bei der Ortschaft Inönü konnte Ismet Pascha (der später den Namen dieser Ortschaft zu seinem Familiennamen machte) den Griechen am 10.1.1921 einen ersten schweren Schlag zufügen. Mustafa Kemal war entschlossen, den Sieg auch politisch zu nutzen. Am 20.1.1921 berief er die Nationalversammlung in Ankara zu einer Plenarsitzung ein und forderte sie auf, ein Grundgesetz anzunehmen. In diesem Dokument, der De-facto-Verfassung der Widerstandsbewegung, hieß es nun klipp und klar: „Die Grundlage des türkischen Staates ist die Souveränität des Volkes." Damit war ein vehementer Schlag gegen die osmanische Staatsordnung geführt; zum ersten Mal wurde hier der Souveränität des Sultan/Kalifen das demokratische Prinzip entgegengestellt und somit das ganze verfassungsmäßige Recht und alle politische Macht von der Souveränität des Volkes abgeleitet.

Im Verlauf des Frühjahrs und Sommers rückten die Griechen weiter nach Anatolien vor. Am 23.8. kam es am Sakarya-Fluß zur ersten wirklich entscheidenden Schlacht. Diesmal führte Mustafa Kemal selbst die türkischen Truppen an. Die Schlacht endete in einer militärischen Katastrophe für die griechische Armee, die 30000 Tote auf dem Schlachtfeld hinterließ. Am 26.8.1922 begann der letzte Akt des Dramas. Fast genau ein Jahr hatten die türkischen Truppen gebraucht, um sich auf die letzte entscheidende Schlacht vorzubereiten. In der internationalen Diplomatie hatten zunächst Italien und Frankreich die Front der Unterstützer des Abkommens von Sèvres verlassen. England war ihnen schließlich gefolgt, als die Griechen nicht auf Verhandlungen eingehen wollten. Auf breiter Front durchbrachen die Türken am 30.8. bei Dumplupınar die griechischen Stellungen und versuchten, ihnen den Rückzug nach Izmir abzuschneiden. Bald löste sich die griechische Armee auf, floh an die Küste bei Izmir und wurde zum Teil von englischen und französischen Kriegsschiffen aufgenommen. Am 9.9. marschierten die türkischen Truppen in Izmir ein. Der 30.8., an dem der Sieg der türkischen Truppen zweifelsfrei feststand, ist als „Siegestag" auch heute noch ein türkischer Feiertag. Bei Mudanya am Marmara-Meer verhandelten am 11.10.1922 die Alliierten, und nicht die Griechen, mit Ismet Pascha über die Waffenstillstandsbedingungen.

Mudanya sollte nach dem Willen der Alliierten Vorspiel zu einer Friedenskonferenz sein, auf der in Lausanne ein Friedensvertrag mit der Türkei ausgehandelt werden sollte. Dazu sandten sie Einladungen – sowohl nach Istanbul als auch nach Ankara, das im Laufe der Ereignisse mehr und mehr das Profil einer neuen Hauptstadt anzunehmen begonnen hatte. Die Frage der Vertretung in Lausanne war somit zugleich die Frage nach der legitimen Regierung der Türkei. Entweder die Sultan-Regierung oder die nationale Regierung in Ankara – eine doppelte Vertretung konnte es nicht geben. Am 30.10. tagte die Große Nationalversammlung und beriet über das Schicksal nicht nur Sultan Mehmet VI. Vahdettins, über dessen Absetzung ein breiter Konsens bestand, sondern über das Schicksal des Sultanats als staatsrechtlicher Institution überhaupt. Die Diskussion verlief tumultartig. Viele Abgeordnete, auch enge Vertraute Mustafa Kemals, plädierten zwar für die Absetzung des Sultans, bekannten aber ihre Loyalität zu der historischen Einrichtung des Sultanats unter dem Hause Osman. Gegen enormen Widerstand beschloß schließlich das Parlament am 1.11.1922 nach außen einstimmig, im Inneren zerrissen, die Aufhebung des Sultanats. Am 17.11. verließ Mehmet VI. in aller Heimlichkeit den Palast und begab sich an Bord eines britischen Schiffes, das ihn nach San Remo ins Asyl brachte. Seinen Nachfolger, der nun nur noch die Würde des Kalifen bekleidete, ernannte bereits die Große Nationalversammlung in Ankara. Es war sein Neffe Abdülmecit. So war die Türkei auf der Konferenz von Lausanne, die die völkerrechtliche Grundlage für den neuen Staat international absichern sollte, durch die nationale Regierung in Ankara vertreten. Die türkische Delegation, angeführt von Ismet Pascha, weigerte sich, den Vertrag von Sèvres überhaupt als zu revidierende Verhandlungsgrundlage in Erwägung zu ziehen. Für die türkische Delegation war selbstverständlich der von der Großen Nationalversammlung beschlossene Nationalpakt Verhandlungsgrundlage.

Das Abkommen von Lausanne, das am 24.7.1923 unterschrieben wurde, ist Ausdruck des umfassenden Erfolges der Nationalisten. Im großen und ganzen wurden die Ziele des Nationalpaktes erreicht, und innerhalb der von ihm umrissenen Grenzen entstand die Türkei als ein nun vollständig souveräner Staat. Die Provinz Mossul, die zwar von der Türkei beansprucht, von Großbritannien aber besetzt war, sollte Teil des Irak bleiben, solange eine diesbezügliche Entscheidung des Völkerbundes anhängig war; der *Sancak* von Alexandrette (Iskenderun) blieb bei dem von Frankreich als Protektorat besetzten Syrien. Anatolien und Ostthrazien wurden Teile des neuen Staates, und an keiner Stelle war mehr von „Armenien" oder „Kurdistan" die Rede. Soweit die Minderheiten betroffen waren, verpflichtete sich die türkische Regierung, ihre Bürger selbst zu schützen, unabhängig vom Glauben, von der Nationalität und der Sprache; die Türkei sollte keinerlei Aufsicht beim Umgang mit ihren Minderheiten unterliegen. Das Parlament billigte den Friedensvertrag. Die „Siegermächte" begannen umgehend mit dem Abzug ihrer Besatzungstruppen; und am 1.10.1923 verließen die letzten britischen Soldaten Istanbul.

Nicht zuletzt mit Blick auf die starken Widerstände, die der „Kemalismus" in der Gegenwart erfährt, muß nachdrücklich unterstrichen werden, daß die Autorität Mustafa Kemals während des Befreiungskrieges und danach alles andere als unangefochten gewesen ist. Schließlich waren die ersten Vorbereitungen für den militärischen Widerstand nicht von ihm selbst getroffen worden. Es waren die Mitglieder des *Komi-*

tees für Einheit und Fortschritt gewesen, die die zahlreichen lokalen Widerstandsgruppen vorsorglich ausgerüstet und mit ihren Kongressen mobilisiert hatten. Dies war eine wesentliche Voraussetzung des militärischen Erfolges gewesen. Ihre Loyalität Mustafa Kemal gegenüber war deshalb keineswegs automatisch gegeben. Zwischen der Besetzung Istanbuls und dem endgültigen Sieg von 1922 schließlich lassen sich zwei Formen der Opposition ausmachen; sie können grosso modo als der „linke" und der „rechte" Flügel bezeichnet werden. Ersterer bestand vornehmlich aus Gruppen, die eine Mischung von islamischen, antiimperialistischen und sozialistischen Ideen unterstützten. Ihr gemeinsamer Nenner war eine antiwestliche Haltung. Eine ernsthaftere Herausforderung bildeten aber die politischen Aktivitäten Enver Paschas, des langjährigen Rivalen Mustafa Kemals aus der Zeit des jungtürkischen Triumvirats. Er versuchte die Unterstützung der Sowjets zu gewinnen, indem er sich als die verläßlichere „linke" Alternative zu Mustafa Kemal darstellte. Auf der „Rechten" andererseits war im März 1921 unter dem Namen *Gemeinschaft für die Erhaltung der geheiligten Institutionen* (*Muhafaza-i mukadessat cemiyeti*) eine Organisation gegründet worden, deren Mitglieder mehrheitlich aus Ostanatolien kamen. Zentrale Programmpunkte waren die Wahrung der Religion und die Stärkung von Sultanat und Kalifat.

Als Antwort auf die diversen oppositionellen Bestrebungen entschloß sich Mustafa Kemal, Gefolgsleute, auf die er im Parlament zählen konnte, zu einer Art Fraktion zusammenzuschließen; sie nannte sich *Gruppe zur Verteidigung der Rechte (Müdafaa-i hukuk grubu)*. Ihr gegenüber wurde Anfang 1922 die „Zweite Gruppe", das Gegenstück zur „Ersten Gruppe" unter Mustafa Kemal, gegründet. Weltanschaulich und politisch äußerst heterogen wurde die Zweite Gruppe in erster Linie durch die gemeinsame Opposition gegen die nach ihrer Meinung zunehmend autokratischen und sich radikalisierenden Reformschritte Mustafa Kemals zusammengehalten. Erst mit dem endgültigen Sieg der Nationalisten im September 1922 konnte sich Mustafa Kemal entschlossen der Opposition entledigen. Am 15.4.1923 wurde eine Reihe von repressiven Maßnahmen getroffen: so die Verschärfung des „Gesetzes über Hochverrat" von 1920, die jegliche auf die Rückkehr des Sultanats gerichtete Kampagne für illegal erklärte; dies und die Auflösung des Parlaments einen Tag später waren entscheidende Schläge in der Auseinandersetzung mit der Opposition. Bei den Wahlen im Juni/Juli 1923 gelang kaum einem Mitglied der Zweiten Gruppe die Rückkehr ins Parlament. Die Gruppe zur Verteidigung der Rechte, die nunmehr das ganze Parlament umfaßte, gründete sich jetzt als *Volkspartei* (*Halk Fırkası*).

IV. Die kemalistische Republik

Die tiefgreifende Revolutionierung der türkischen Gesellschaft beginnt nicht erst mit dem Lausanner Vertrag. Schon die Betonung des Volkswillens, der den neuen Staat aus dem osmanischen Vielvölkerstaat heraus erstehen lassen sollte, zeigte, daß Mustafa Kemal bei den Denkern in die Schule gegangen war, die der europäischen Aufklärung verbunden waren und die geistigen Grundlagen des modernen Europa geschaffen hatten. Aber die Reformen, die seit der Zeit Sultan Selims III. (1789–1807) angegangen worden waren, waren eher halbherzig gewesen. Man hatte zwar Europa im Blick gehabt, aber am Althergebrachten nicht wirklich gerüttelt. Und gewiß hatten sich schon die „Jungosmanen" und mehr noch die „Jungtürken" des *Komitees für Einheit und Fortschritt* zur Verwestlichung, *garbçılık* (von *garb*, Westen), bekannt. Es war eines der Modeworte der Epoche gewesen. Aber der Fortbestand des Reiches, in dem trotz des Abfalls zahlreicher Nationalitäten in den vergangenen Jahrzehnten noch immer viele Völker und Religionen nebeneinander fortlebten, setzte den Neuerungen politische Grenzen.

Der Prozeß der radikalen Umgestaltung der Türkei mußte zwangsläufig auf Widerstand stoßen. Dies war der Fall, als die Mehrheit in der Nationalversammlung auf Druck Mustafa Kemals am 29.10.1923 die „Türkische Republik" ausrief – mit Mustafa Kemal als ihrem Präsidenten und Ismet (Inönü) als Ministerpräsidenten. Zwei Wochen zuvor hatte die Regierung beschlossen, Ankara zur Hauptstadt zu machen; auch dies war eine symbolische Maßnahme, die jene aufbringen mußte, die mit der alten Hauptstadt das Fortleben überkommener politischer Institutionen verbanden.

Am 1.3.1924 begann eine neue Sitzungsperiode des Parlaments; am 3.3. brachten Mustafa Kemals Anhänger drei Gesetzesentwürfe ein: (1) Das Amt des Kalifen sei abgeschafft, alle Angehörigen des Hauses Osman seien des Landes zu verweisen. (2) Die Ministerien für geistliche Angelegenheiten und geistliche Stiftungen seien aufgehoben. (3) Das gesamte Erziehungswesen sollte den Geistlichen (*Ülema*) genommen und einem Unterrichtsministerium unterstellt werden. Die Nationalversammlung billigte die Vorlagen umgehend. Noch in derselben Nacht wurde Abdülmecit in aller Stille über die bulgarische Grenze abgeschoben. Die Bevölkerung nahm diese Entscheidung erstaunlich ruhig auf.

Innere Umgestaltung

Die sich nunmehr anschließenden tiefgreifenden Reformen in Gesellschaft, Recht und Kultur waren darauf gerichtet, der jahrhundertealten überkommenen Ordnung den Rücken zu kehren und sich entschlossen westlicher – und das bedeutete: europäischer – Zivilisation und Kultur zu öffnen. Die großen Reformen hatten ihre scheinbar kleinen Vorspiele. Mustafa Kemal war sich bewußt, wie viel symbolische Bedeutung gerade äußerliche Details manchmal haben – in diesem Falle die Kopfbedeckung. 1925 wurde die Abschaffung des Fes verordnet und das Tragen europäischer Kopfbedeckung in Verbindung mit europäischer Kleidung angeordnet. Noch symbolträchtiger war ein anderes Detail: Am 26.12.1925 wurde ohne Abstriche der gregorianische Kalender eingeführt. Er ersetzte damit die „islamische" Jahreszählung nach dem Mondzyklus.

Diese Reformen mögen nur die Oberfläche betroffen haben. Mustafa Kemal machte dabei nicht Halt. Es galt auch, überkommene Gesellschaftsstrukturen aufzubrechen, die aber in jahrhundertealter islamischer Tradition wurzelten. Die Befreiung der Frau war die radikalste unter ihnen. Gerade die Frauen hatten einen erheblichen Anteil an den Lasten des Krieges, aber auch am schließlichen Sieg gehabt. Versorgung und Nachschub z.B. hatten zum Teil in ihren Händen gelegen. Das Türkische Bürgerliche Gesetzbuch von 1926 sah innerhalb der Familie gleiche Rechte für Mann und Frau vor. Den Mädchen wurde die Möglichkeit der höheren Schulbildung eröffnet; sie konnten die Universitäten des Landes besuchen und ins Berufsleben eintreten. Wiederum wurde die Kleidung zum Symbol der Modernisierung.

Es war Mustafa Kemals tiefste Überzeugung, daß Europas Überlegenheit auf seiner Wissenschaft beruhe. Bildung und Aufklärung des Volkes waren deshalb für ihn Kernpunkte der Mobilisierung und Modernisierung der Türken. Die allgemeine und unentgeltliche Schulpflicht wurde per Gesetz eingeführt. Das „Gesetz über die Vereinheitlichung des Unterrichts" stellte sicher, daß der Klerus keinen Einfluß mehr auf die allgemeine Erziehung erhielt. Ein Kernstück der Reformen schließlich betraf das Recht. Zwar hatten schon die Jungtürken erhebliche Eingriffe in das bis dahin weithin islamische Recht (*Şeriat*) vorgenommen. An vielen Stellen aber hatte es fortgegolten. Mit der Einführung des italienischen Strafrechts und des Schweizer Zivilrechts im Jahre 1926 nahm die türkische Regierung der Geistlichkeit den letzten ihr verbliebenen Rechtsbereich, das Familienrecht, aus den Händen. Dies griff tief in das Leben eines jeden Türken ein: Die Einehe wurde darin ebenso rechtlich verankert wie es Auflage wurde, eine Ehe nicht mehr vor dem *Imam*, dem Dorfgeistlichen, sondern dem staatlich bestallten Standesbeamten zu schließen. Mit der Eliminierung auch der letzten Elemente des islamischen Rechts aus der Gesellschaft wurde die Türkische Republik strikt dem Laizismus verpflichtet.

Es ist schon angedeutet worden, daß der Weg der radikalen

Revolution nicht ohne Widerstand beschritten wurde. Nicht zuletzt einige der ersten Gefolgsleute Mustafa Kemals, die mit ihm zusammen den Widerstand in Anatolien organisiert hatten, blieben nach und nach zurück. Der alten Ordnung noch innerlich verhaftet, wollten sie an deren Sturz nicht teilnehmen. Eine Mischung aus Charisma, das Mustafa Kemal durch seine politischen Erfolge und militärischen Siege im Befreiungskrieg erwuchs, und diktatorischer Gewalt sollte namentlich in den entscheidenden zwanziger Jahren seine Machtausübung charakterisieren. Zum ersten Mal hatte er am Scheidewege gestanden, als das Gegenparlament in Ankara sich als die Große Türkische Nationalversammlung zur souveränen politischen Instanz im Lande aufwarf. Das hatte praktisch eine Entmachtung des Sultans bedeutet, dessen künftige Machtbefugnisse dann durch vom Parlament gesetzte Grenzen abgesteckt wurden. Später machten die Abschaffung des Sultanats und die Neuwahl des Parlaments eine Neuordnung des politischen Lebens erforderlich. Zur Durchsetzung seines Modernisierungsprogramms suchte sich Mustafa Kemal schließlich eine feste Basis durch eine Partei, die den Namen *Volkspartei* annahm. Sie sollte zugleich das Instrument sein, das ihm im Kampf gegen die politischen Gegner seiner Reformen Oberwasser verschaffte.

Unter den Trägern der Opposition waren Namen, die mit dem Widerstand gegen die Siegermächte und dem Befreiungskrieg aufs engste verbunden waren. Im November 1924 gründeten sie eine eigene Partei, die *Fortschrittliche Republikanische Partei*. Ihnen folgten 25 Abgeordnete der Nationalversammlung. Das Programm der Partei sprach diejenigen an, die sich der Radikalität der kemalistischen Umwälzung widersetzten. So wurde eine tolerantere Haltung gegenüber dem Islam und seinen Vertretern gefordert; eine Forderung, die noch immer in breitesten Kreisen auf Resonanz stieß. Deshalb bekam die Partei Zulauf von allen, die noch irgendwie an der alten osmanischen Ordnung hingen. Mustafa Kemal reagierte umgehend mit der Umbenennung seiner Partei in *Republikanische Volkspartei (Cumhuriyet Halk Partisi, CHP)*.

Die gleichwohl anhaltenden Auseinandersetzungen zwischen Opposition und Regierungspartei wurden bald von einem neuen, größeren Problem überlagert, einem Aufstand der Kurden. Er spielte am Ende den „Radikalen" in die Hände und lieferte den Vorwand für eine Generalabrechnung mit der Opposition. Die Kurden, denen noch ein Kapitel zu widmen sein wird, stellten die einzige größere ethnische Minderheit dar, die nach Vernichtung, Vertreibung und Umsiedlung der Armenier und Griechen in der neuen Türkei verblieben war. Ein Teil von ihnen erhob sich unter Scheich Said von Palu, dem örtlichen Chef der religiösen Bruderschaft der Nakşibendi, eines auch unter den Kurden einflußreichen volksislamischen Ordens. Eine Mischung von feudalen und Stammesinteressen, kurdisch-nationalen Gefühlen und religiöser Reaktion, begann die Rebellion in Dersim (Tunceli) im Februar 1925. Die gesetzliche Grundlage zur Bekämpfung des Aufstandes wurde auch zur Zerschlagung der Opposition instrumentalisiert, der vorgeworfen wurde, diesen durch religiöse Propaganda gefördert zu haben. Auf der Grundlage des „Gesetzes über die Aufrechterhaltung der Ordnung" wurden Sondergerichte eingesetzt, beschönigend „Unabhängigkeitsgerichte" genannt. Diese sollten für die Durchführung sorgen. Zwar brach der Aufstand bereits Mitte April zusammen. Scheich Said und seine etwa 40 hingerichteten Anhänger sollten freilich keineswegs die einzigen Opfer des Aufstandes bleiben. Mustafa Kemal beschloß nun, die Gelegenheit wahrzunehmen und jede Opposition zu beseitigen. Die Zeitungen wurden unter strenge Zensur gestellt; die Unabhängigkeitsgerichte waren mit Todesurteilen rasch zur Hand. Im Juni 1925 wurde die *Fortschrittliche Republikanische Partei* verboten. Zugleich ging Mustafa Kemal auch gegen die Geistlichkeit vor, die zum Teil mit dem Kurdenaufstand sympathisiert hatte. Im September 1925 wurden die Konvente der populären Derwischorden geschlossen. Im Sommer 1926 kam ein Anschlag ans Licht, den einige unzufriedene Politiker mit Hilfe von bezahlten Mördern in Izmir gegen Mustafa Kemal hatten durchführen wollen. Der Unabhängigkeitsgerichtshof ging aufs

Ganze: Selbst ehemalige Angehörige des *Komitees für Einheit und Fortschritt* wurden in den Prozeß hineingezogen.

Nach diesen inneren Stürmen schien es Mustafa Kemal erneut an der Zeit, ein demokratisches Experiment zu riskieren. Ein alter Weggefährte, Fethi (Okyar) mußte im Sommer 1930 in die Bresche springen. Die neue Oppositionspartei unter seiner Führung sollte *Freie Republikanische Partei (Serbest Cumhuriyet Fırkası)* heißen. Abgeordnete der CHP wurden aufgefordert, zu ihr überzutreten. Der – relative – Wahlerfolg der neuen Partei war Ausdruck einer verbreiteten Unzufriedenheit im Lande, in erster Linie eine Auswirkung von wirtschaftlichen Rückschlägen, die mit der weltweiten Rezession zusammenhingen. Immerhin erhielt sie trotz massiver Behinderung in 30 (von 512) Gemeinderäten die Mehrheit. Als Fethi im Parlament protestierte, wurden die Debatten bitter und persönlich; an ihrem Ende erhielt die Regierungspartei ein überwältigendes Vertrauensvotum. Fethi beschloß, das Experiment abzubrechen. Dies geschah am 16. November.

Die Konturen der Türkischen Republik waren nunmehr zu erkennen. Obwohl pragmatisch umgesetzt, bildeten die kemalistischen Maßnahmen doch ein „System", das auf der Vision des Staatsgründers fußte. Mustafa Kemal Atatürk hat wohl als erster Politiker jenes Teils der Welt, der später als die „Dritte" bezeichnet werden sollte, einen eigenen Entwicklungsweg beschritten. Der Katechismus des „Kemalismus" (*Kemalism* oder *Atatürkçülük*) umfaßt fünf Prinzipien, auf denen der neue Staat gründen sollte:

- Nationalismus: Errichtung eines türkischen Nationalstaates.
- Laizismus: Trennung von Staat und Religion. De facto übt freilich das *Amt für religiöse Angelegenheiten* die Kontrolle über das religiöse Leben aus.
- Republikanismus: Gründung eines republikanischen Regimes. Damit war die Entschlossenheit bekundet, der Wiedereinführung einer Sultanats- oder Kalifatsherrschaft entgegenzuwirken.
- Populismus: Gleichheit der Bürger ohne Ansehen von Volkszugehörigkeit, Sprache, Glauben und gesellschaftlicher

Schicht. Dies implizierte auch, den „Willen des Volkes“ als konstitutives Element der Türkischen Republik anzuerkennen.
- Etatismus: Bestimmende Rolle des Staates in der Wirtschaft.

Der junge türkische Staat begann sich relativ rasch zu konsolidieren; die „Erziehungsdiktatur“, die in den zwanziger Jahren noch ihr blutiges Gesicht gezeigt hatte, wich einer relativ liberalen und offenen Führung seitens Mustafa Kemals und seiner Partei. Als im Zuge der „Namensrevolution“ das türkische Parlament Mustafa Kemal 1934 den Namen „Vater der Türken“, Atatürk, verlieh, stand dies durchaus im Einklang mit der Bewunderung und Zuneigung, aber auch dem distanzierten Respekt, den die meisten Türken ihrem Führer nunmehr entgegenbrachten.

Trotz der Entschlossenheit der Staatsgründer, mit der Türkei einen politischen Neuanfang zu machen, lassen sich Kontinuitäten vom Osmanischen Reich in die Republik nicht übersehen. Ordnungsvorstellungen des Osmanischen Reiches sind in die politische Kultur sowie in die offizielle Ideologie der modernen Republik eingeflossen. Geblieben ist etwa die Vorstellung eines starken Staates, der der Gesellschaft übergeordnet ist. Eine autoritäre Staatsgewalt sollte das Gleichgewicht zwischen den verschiedenen gesellschaftlichen Gruppen, die sich aus Institutionen wie Zünften, Bruderschaften oder Religionsgemeinschaften zusammensetzten, sichern. Patriarchalische Strukturen überdauerten den Bruch in der türkischen Geschichte. In der Gesellschaft richten sich noch immer große Teile auf starke Führerpersönlichkeiten aus; feudale Verhältnisse blieben im Osten Anatoliens bis in die Gegenwart weitgehend intakt. Die Republik wurde von einem dominierenden Zentrum her gegründet, dem nach der Niederlage im Ersten Weltkrieg die Modernisierung der rückständigen Gesellschaft übertragen wurde. Der Raum für das Individuum blieb nach wie vor gering. Nicht angetastet wurde auch die herausragende Rolle des Militärs und der Beamten, die als Staatselite die Gesellschaft geführt hatten und ihr übergeordnet waren. Der tiefgreifende Unterschied mit Blick auf das Osmanische Reich lag darin, daß in der neuen Türkei aufgeklärte laizistische Nationalisten die Beamten- und Militärsschicht stellten. Der Staat wurde nicht mehr über den Islam legitimiert, der den Vielvölkerstaat des Osmanischen Reiches getragen hatte, sondern über den türkischen Nationalismus und den Laizismus.

Die Außenpolitik der „vollen Ungebundenheit"

Die Entstehung des neuen türkischen Staates beruht auf Beschränkung. Politische Ordnungsvorstellungen, die während der letzten Jahre des untergehenden Osmanischen Reiches unter der politischen und intellektuellen Elite des Landes diskutiert worden waren, wurden verworfen oder erwiesen sich als nicht realistisch, so etwa der „Panislamismus". Der neue Staat sollte nicht ein islamisches Reich – ohne die christlichen Völker, die das Osmanische Reich auch umfaßt hatte – werden. Darüber hatte die Geschichte spätestens mit dem Aufstand der in ihrer überwältigenden Mehrheit muslimischen Araber gegen den Sultan/Kalifen in Istanbul den Stab gebrochen. Innerlich schwerer tat sich Mustafa Kemal wohl mit dem Verzicht auf den Versuch, dem neuen Staat eine „pantürkische" Dimension zu geben, ein Konzept, das nicht zuletzt auch in den zurückliegenden Jahren unter Vertretern der Turkvölker in Rußland diskutiert worden war. Die Faszination einer Vision, die die Türken in Anatolien als Teil einer großtürkischen „Nation" sah, zu der die turksprachigen Völker des Kaukasus und Zentralasiens gehören würden, hat er im Laufe seines Lebens wiederholt anklingen lassen. Eines der Argumente, die dagegen sprachen, war, daß Ansprüche in dieser Richtung das nachrevolutionäre Rußland auf den Plan bringen würden.

Ein Zweckbündnis mit Rußland aber lag nahe, waren doch Mustafa Kemals außenpolitische Gegner auch die Gegner Lenins. Beide Seiten hatten an der gemeinsamen kaukasischen Grenze Probleme, an deren Regelung im jeweils eigenen Interesse und in beiderseitigem Zusammenwirken den neuen Regimen in Moskau und Ankara gelegen sein mußte. Die Geld- und Waffenhilfe der Sowjetunion wurde von seiten der türkischen Nationalisten dankbar angenommen. Wie sehr sich die Dinge verändert hatten, zeigt der Abschluß des Freundschaftsvertrages zwischen der Sowjetunion und der „nationalen Regierung" (die noch keineswegs „die Türkei" vertrat) in Ankara am 16. 3. 1921: Seit dem 18. Jahrhundert waren Verträge zwischen dem zaristischen Rußland und dem Osmanischen Reich eher Diktate gewesen. Jetzt schlossen Türken und Russen einen Vertrag auf der Grundlage der Gleichberechtigung. Den Freundschaftsvertrag ergänzte im Dezember 1925 ein Vertrag über Freundschaft und Neutralität.

„Friede daheim, Friede in der Welt" *(Yurtta sulh cihanda sulh)*, das war der Kernsatz kemalistischer Außenpolitik. Damit einher ging der Grundsatz der „vollständigen Unabhängigkeit" (*tam bağımsızlık*). Im Rückblick auf die Geschichte des Osmanischen Reiches betrachtet, namentlich der letzten 100 Jahre, drängten sich diese Prinzipien für die Außenpolitik des neuen Staates geradezu auf. Auf ihrer Grundlage verfolgte die neue Türkei eine aktive Politik des Ausgleichs in ihrem regionalen Umfeld. Mit den östlichen Nachbarn Iran und – weiter noch – Afghanistan konnten bald gute Beziehungen hergestellt werden. 1928 besuchte der afghanische König Amanullah Ankara; im Juli 1934 folgte ihm Reza Schah von Iran. Die guten bilateralen Beziehungen mit den näheren und ferneren Nachbarn mündeten im Juli 1937 in den Nichtangriffspakt von Saadabad, damals noch ein Dorf in den Bergen im Norden von Teheran. Die Aussöhnung zwischen den türkischen Nationalisten, die die Pläne Englands am Bosporus und in Kleinasien so nachhaltig durchkreuzt hatten, und der Vormacht im Mittleren Osten wurde schließlich beim Besuch von König Eduard VIII. im September 1936 besiegelt. Schwieriger gestaltete sich die Normalisierung der Beziehungen zu Frankreich. Hatte Ankara seine Ansprüche auf Mosul England gegenüber 1926 aufgegeben, bestand es andererseits auf der Rückgabe der Provinz Hatay, dem *Sancak* von Alexandrette (heute Iskenderun). Diese war Teil des von den Franzosen verwalteten Mandatsgebiets Syrien. Erst als die Gefahr eines neuen Krieges in Europa am politischen Horizont heraufzog, war Paris geneigt nachzugeben. Im Juli 1939 wurde der *Sancak* mit der Türkei vereinigt. Bereits 1936 war auf der Konferenz von Montreux eine Revision des nach dem Vertrag von Lausanne entmilitarisierten Status der Meerengen gelungen. Nach zähen Verhandlungen setzte Ankara die volle Souveränität auch entlang des Bosporus und der Dardanellen durch. Dies bedeutete die Kontrolle über die Durchfahrt fremder Kriegsschiffe in Kriegszeiten und, falls die Türkei sich bedroht fühlen würde, auch in Friedenszeiten.

Vor dem Hintergrund der jüngeren Geschichte freilich mußte die türkische Außenpolitik den Beziehungen zu Griechenland besondere Dringlichkeit beimessen. Wie sollten zwei Staaten friedlich zusammenleben, die sich mehr oder weniger anhaltend im Kriegszustand miteinander befunden hatten, seit Griechenland 1829 mit Unterstützung europäischer Mächte die Unabhängigkeit vom Osmanischen Reich erhalten hatte? Das Abkommen von Lausanne beinhaltete – neben anderen Punkten – hauptsächlich griechisch-türkische Streitfragen. Diese betrafen die Grenze in Thrazien, die Zugehörigkeit und den militärischen Status der ägäischen Inseln, die zwangsweise Umsiedlung der Volksgruppen und einen Minoritätenschutz für diejenigen Gruppen, vornehmlich in Thrazien und Konstantinopel, die nicht umgesiedelt wurden. Auch der Status des griechisch-orthodoxen Patriarchen in Konstantinopel war geregelt worden. Die zeitliche Abfolge und das Ausmaß der Umsiedlungen sind nicht mehr feststellbar oder umstritten. Schon von 1912–1914 hatten ca. 135 000 Muslime Griechenland verlassen und in der Türkei den Platz der Griechen eingenommen, die zur gleichen Zeit Kleinasien den Rücken kehrten. Gegen Ende 1924 fand die Umsiedlung des größten Teils der Minoritäten unter oft kaum erträglichen Bedingungen statt. Insgesamt dürften es 1,2 Mio. Griechen gewesen sein, die in den Jahren 1912–1924 Kleinasien verließen, während nahezu 400 000 Türken den umgekehrten Weg nahmen. Im Oktober 1930 schließlich kam Ministerpräsident Eleftherios Venizelos zum Staatsbesuch nach Ankara. Die persönliche und politische Atmosphäre des Treffens war gut. Der Besuch wurde am 31. 10. durch den Abschluß eines griechisch-türkischen Freundschaftsvertrages gekrönt. Im Jahr darauf stattete der türkische Ministerpräsident Ismet Inönü Griechenland einen Gegenbesuch ab.

Der türkisch-griechische Ausgleich war zugleich ein wichtiger Baustein bei der Errichtung einer Friedenszone auf dem Balkan. Die Vereinbarungen mit Griechenland wurden durch weitere Abkommen mit einzelnen Staaten ergänzt, die am 9.2.1934 in den „Balkanpakt" mündeten. Die Türkei, Griechenland, Jugoslawien und Rumänien waren die Unterzeichner. Machtpolitisch gesehen – der Ausbruch des Zweiten Weltkrieges sollte es zeigen – war der Balkanpakt, genauso wie sein östliches Gegenstück von Saadabad, ohne große Bedeutung. Aber beide Vertragswerke hatten daneben noch den Zweck, der Türkischen Republik außenpolitische Reputation zu verleihen. Sie sollten signalisieren, daß sich die Außenpolitik des neuen türkischen Nationalstaates in Koordinaten bewegen würde, die von denen seines Vorgängers, des Osmanischen Reiches, vollkommen verschieden sein würden.

Die türkische Politik während des Zweiten Weltkrieges schließlich zeigt, wie entschlossen die Führung war, das Land nicht noch einmal an der Seite anderer Mächte in einen Krieg zu verwickeln. Geschickt verstand es Ankara, die kriegführenden Parteien, die die Türkei jeweils an ihre Seite ziehen wollten, hinzuhalten. Erst im August 1944 wurden die diplomatischen Beziehungen mit Berlin abgebrochen. Ankaras Lavieren wurde noch prekärer, als England und die USA auf der Konferenz von Jalta im Februar 1945 Stalin Änderungen an der Meerengen-Konvention von Montreux einräumten. Wenig später erklärte die Türkei Deutschland doch noch den Krieg. Ein symbolischer Akt, denn ein Schuß wurde nicht mehr abgefeuert. Immerhin hatte sich Ankara aber mit Blick auf die Zukunft dafür qualifiziert, im April 1945 in San Francisco Gründungsmitglied der Vereinten Nationen zu werden.

V. Die Türkei nach dem Zweiten Weltkrieg

Mit Ismet Inönü (geb. 1884) hatte nach dem Tod Atatürks (10. 11. 1938) ein Mann das Ruder in Ankara übernommen, der wie wohl kaum ein anderer Mustafa Kemal nahegestanden hatte. Aber auch er konnte nicht verhindern, daß sich die kemalistische Regierung am Ende des Krieges zunächst einmal einem Popularitätstief gegenübersah. Komplexe Veränderungen – nicht zuletzt kriegswirtschaftlich bedingt – hatten die Koalition politischer und gesellschaftlicher Gruppen und Kräfte, auf denen das kemalistische System beruhte, teilweise unterminiert. Der private Sektor war stärker geworden, und die Landwirtschaft hatte sich zwangsläufig weiter kommerzialisiert. Dies hatte zur Verselbständigung unternehmerischer Kräfte in den Städten und zur Entstehung neuer einflußreicher Kräfte auf dem Lande geführt; diese begannen, das Herrschaftsmonopol der Bürokraten in Frage zu stellen. Und die zwar langsame, aber stetige Industrialisierung ließ eine Industriearbeiterschaft entstehen, die ihrerseits Druck ausübte, das System zu verändern. So waren neue gesellschaftliche Schichten und *pressure groups* entstanden, und zwischen ihnen und der Regierung wuchs die Spannung. Der Anspruch der CHP, die Nation als ganze über gesellschaftliche Klassen und Gruppen hinweg zu vertreten, war fragwürdig geworden. Zusätzlicher Druck zur Öffnung des Landes kam von außen. Die abrupte Verschlechterung der Beziehungen zur Sowjetunion zwang Ankara zu einer Anlehnung an die USA. Dies und der Wunsch der Türkei, an den Segnungen des Marshall-Plans teilzuhaben, der der wirtschaftlichen Entwicklung Europas wesentliche Impulse geben sollte, ließen es geraten erscheinen, den ordnungs- und wirtschaftspolitischen Vorstellungen der USA, also Demokratie und freie Marktwirtschaft, entgegenzukommen.

Vom Einparteistaat zur prekären Demokratie

Risse in der regierenden Partei zeigten sich Ende 1945 und führten zum Ausscheiden (bzw. Ausschluß) einer Reihe von Opponenten in den eigenen Reihen. Darunter waren zwei Männer, die in den nächsten anderthalb Jahrzehnten das politische Leben im Lande wesentlich mitgestalten sollten: Celal Bayar und Adnan Menderes. Sie gründeten im Januar 1946 eine politische Oppositionspartei, die *Demokratische Partei (Demokrat Parti, DP)*. Programmatisch war der entscheidende Unterschied zur CHP die Forderung nach mehr Marktwirtschaft; weltanschaulich stand die DP auf dem Boden des Kemalismus.

Sie sollte sich bald als die dynamischste unter den Oppositionsgruppen erweisen. Ende 1946 zeichnete sich ab, daß es ihr gelingen würde, eben jene Bevölkerungsschichten anzusprechen und zu mobilisieren, die bislang in der herrschenden Elite keinen Platz gefunden hatten und sich nun gegen die soziale und kulturelle Entfremdung auflehnten, die die CHP im Namen der „Modernisierung" in Kauf genommen hatte. Mit einem Mal tat sich die Kluft zwischen den „Kemalisten" und den breiten Massen insbesondere auf dem Lande, die von den „Reformen von oben" gar nicht oder kaum berührt waren, wieder auf. Die charismatische Gestalt des Staatsgründers hatte dies überdeckt. Die Probleme der Landbevölkerung und die sogenannte „Vernachlässigung des Islam" seitens der an der Macht befindlichen Politiker wurden zentrale Themen der Agitation der neuen Partei.

Nach nahezu fünf Jahren zum Teil heftiger innenpolitischer Auseinandersetzung um das neue System kam es am 14.5. 1950 zu den ersten wirklich freien Wahlen. Die Niederlage der CHP war dramatisch. 80% der Wähler gingen diesmal zu den Urnen; die Wahlen verliefen frei von Manipulation und Betrug. Von den 487 Sitzen im Parlament konnte die CHP nur 69 gewinnen. Die restlichen Sitze mit Ausnahme von 10, die meist an Unabhängige gingen, errang die DP. Celal Bayar wurde Präsident und Adnan Menderes Ministerpräsident. Bemerkenswert ist, wie ruhig sich der Übergang vollzog. So markiert die Wahl von 1950 eine denkwürdige Entwicklung in der Türkei.

Zum ersten Mal beruhte mit der Machtübernahme durch die DP die Herrschaft auf einer wirklich breiten Basis. Zugleich macht freilich der politische Niedergang von Ministerpräsident Menderes in der zweiten Hälfte der fünfziger Jahre Probleme deutlich, die die türkische Demokratie auch in den folgenden Jahrzehnten immer wieder behindern sollten. Sie reichen von der politischen Kultur, d.h. den Traditionen im weitesten Sinne, die in Politik und Gesellschaft noch nachwirken, bis zu dem gesellschaftlichen und wirtschaftlichen Wandel, der sich unter Menderes beschleunigte und seit den sechziger Jahren teilweise überstürzte. Die einsetzende Bevölkerungsexplosion, die Bevölkerungsverschiebung vom Land in die Stadt und von Ost nach West, die voranschreitende Verländlichung, aber auch die Proletarisierung der Städte und die wachsende Einbindung der Türkei in den Weltmarkt ließen politische Belastungen für ein Land entstehen, das unterentwickelt, relativ bevölkerungsarm und, im Schatten von Weltpolitik und Weltwirtschaft gelegen, von einer zentralen Schaltstelle aus relativ leicht zu kontrollieren gewesen war. Die zehnjährige Herrschaft der DP ist auch ein Beispiel für das prekäre Verhältnis zwischen der jeweils regierenden Partei zu anderen gesellschaftlichen und politischen Gruppen innerhalb des durch die Verfassung vorgegebenen Rahmens.

Vor allem die spürbare Verbesserung der Situation auf dem Lande ließ den Wahlsieg für Menderes im Mai 1954 noch eindeutiger ausfallen als den vorangegangenen. Das Sitzverhältnis im Parlament lag jetzt bei 505 (DP und andere) zu 30 (CHP). Freilich begann sich im folgenden zu rächen, daß die Regierung auf kurzfristige Erfolge gesetzt und eine langfristige und geplante wirtschaftliche Umgestaltung vernachlässigt hatte. Ein wachsendes Handelsbilanzdefizit, eine sich beschleunigende Inflation und der Fehlschlag politisch motivierter Projekte hatten hohe Staatsdefizite, Schulden sowie einen blühenden Schwarzmarkt zur Folge. Erste Unterdrückungsmaßnahmen mit dem Ziel der Ausschaltung der politischen Opposition setzten ein.

Trotz unübersehbarer Manipulation verlor die Regierungspartei bei den Wahlen im Oktober 1957 die absolute Mehrheit der Stimmen, blieb aber mit 419 Sitzen die mit Abstand stärkste Partei gegenüber der CHP (173 Sitze). Aber auch innerhalb der DP kam es zu Unruhen und politischer Abspaltung. Daß es auch zwischen der Regierung und der Armee nicht zum besten stand, war schon im Januar 1958 deutlich geworden, als neun Offiziere unter dem Vorwurf der Verschwörung gegen die Regierung festgenommen worden waren. In einem Klima extremer Polarisierung und offener politischer Unruhe setzte die Armee am 27.5.1960 der Ära Menderes durch einen Putsch ein Ende. Sie hatte sich nie mit seiner Herrschaft anfreunden können – und dies, obwohl der Ministerpräsident das Land 1952 in die Nato geführt hatte. So hat dieser Putsch von 1960 auch etwas von der Restauration einer Ordnung an sich, in der die staatliche Elite und die Armee ein gemeinsames Erbe zu verwalten hatten.

Menderes schien anfangs einen neuen Typ von Politiker in der Türkei zu verkörpern. Selbst anatolischem Milieu entspringend, war der Populist der Seele des Anatoliers nahe. Daß er die Grenzen der politischen Kultur der Türkei allerdings nicht überspringen konnte, zeigte sich, als sein Populismus mit den wachsenden wirtschaftlichen Schwierigkeiten Kratzer bekam. Eine Opposition zu akzeptieren, um am Ende nach den Spielregeln der Demokratie abzutreten, das war auch seine Sache nicht. Insgesamt aber hatte sich mit der DP sichtbar ein Elitenwandel in der türkischen Politik vollzogen. Die Abgeordneten der DP waren im Durchschnitt jünger, und sie waren stärker in ihren Wahlkreisen verwurzelt. Nicht mehr so viele verfügten über eine Hochschulbildung, dafür kamen sie mehr aus dem Geschäftsleben. Der auffallendste Unterschied gegenüber der CHP war der Umstand, daß praktisch keiner der Abgeordneten in der Verwaltung oder im Militär Karriere gemacht hatte.

Die neue Führungsschicht unterschied sich damit tiefgreifend von den Gründern des neuen Staates. Sie hatte im wesentlichen aus ehemaligen Offizieren, Angehörigen der freien Berufe, Intellektuellen und lokalen Größen bestanden. Letztere fühlten sich zwar den Kemalisten in Ankara politisch verbunden, unternahmen jedoch ihrerseits kaum Anstrengungen, die Masse der ländlichen Bevölkerung, die tief in den herkömmlichen Werten und Gesellschaftsvorstellungen verharrte, zu erreichen. Bewußt machten die Kemalisten das Erziehungswesen zum wichtigsten Instrument einer „Umerziehung" des Volkes im Sinne der neuen Ideen. Die wirtschaftliche Liberalisierung, die unter der neuen Regierung der DP einsetzte, ließ Ansätze einer „Verbürgerlichung" in der Türkei entstehen. Die neue Elite war zwar aus der kemalistischen Bewegung hervorgegangen; ja sie selbst machte nicht wirklich Anstalten, die Grundelemente des Kemalismus ernsthaft in Frage zu stellen. Aber sie hatte ihre Fühler näher am Volk, und so begann sie, das kemalistische Entwicklungskonzept einer noch immer durch kulturelle und religiöse Traditionen geprägten Gesellschaft anzupassen. Diese Auseinandersetzung zwischen einer „Staatselite", die die Schlüsselpositionen in der Verwaltung und unter den Intellektuellen behauptete und ihren letzten Rückhalt in der Armee hatte, und einer „bürgerlichen Elite", die ein Konzept der Modernisierung zu verwirklichen suchte, das sich wieder öffnete für die Geschichte, Kultur und Religion der Türken, sollte die türkische Geschichte seit 1945 wie ein roter Faden durchziehen. Sie ist nach wie vor nicht entschieden. So hat man zutreffend von einer „Anatolisierung" der türkischen Elite gesprochen: Während die Gründer und politischen Führer der jungen Republik durchweg den Städten des westlichen Landesteiles entstammten, kamen zahlreiche Vertreter der neuen Elite aus Anatolien. Diese Entwicklung hat sich bis in die Gegenwart fortgesetzt. Atatürk hatte sich geweigert, gesellschaftliche Verwerfungslinien in der türkischen Nation in der Weise zu akzeptieren, daß daraus Belastungen und Spannungen für die Richtung des Entwicklungsweges der Türkei hätten entstehen können. Er hatte dies im Prinzip des *Populismus* zum Ausdruck zu bringen gesucht und in der CHP ein Instrument gesehen, das gesamte Volk aus dem osmanischen Mittelalter in die europäische Modernität zu führen. Mit dem Übergang zum Mehrparteiensystem wurde nun mit einem Mal deutlich, wie tief die Trennlinien in der türkischen Gesellschaft tatsächlich waren.

Vor diesem Hintergrund konnte der Eingriff des Militärs in die türkische Politik im Mai 1960 nur ein relativ oberflächlicher Einschnitt sein. Der rasche gesellschaftliche, wirtschaftliche, kulturelle und politische Wandel im Land sollte weitergehen. Umgehend beauftragte das *Komitee der Nationalen Einheit*, in dessen Händen de facto die Macht lag, 1960 eine Gruppe von Rechtsprofessoren, die Ausarbeitung einer neuen Verfassung vorzubereiten. Diese unterschied sich erheblich von jener des Jahres 1924. Ihre Väter glaubten, die Ursache der Krise in der Machtfülle der Regierung, die den Mißbrauch seitens der Regierungspartei geradezu provoziert hatte, gefunden zu haben. So wurde die neue Verfassung ein liberales Dokument, das der regierenden Partei bei ihrer Machtausübung zahlreiche Kontrollen und Gegenkräfte gegenüberstellte. Es sollte freilich nicht lange dauern, und sie erwies sich als geradezu abgehoben vom politischen und gesellschaftlichen Entwicklungsstand einer Türkei, die in weiten Bereichen noch alle Züge der Unterentwicklung aufwies, und türkischer Politiker, die mit einem so ausgeklügelten System von *checks and balances* nicht umzugehen wußten. Nicht von ungefähr sollte in den sich wiederholenden Krisen der nächsten Jahre einer Einrichtung der Verfassung wachsende Bedeutung zukommen, dem *Nationalen Sicherheitsrat*. Unter dem Vorsitz des Präsidenten (bzw. Ministerpräsidenten) sollte er die Regierung in Fragen der inneren und äußeren Sicherheit beraten. Angehören sollten ihm neben einer Reihe von Ministern der Generalstabschef sowie die Oberkommandierenden der Teilstreitkräfte. Bis in die Gegenwart hinein wurde er ein machtvoller „Wachhund", der nicht selten das Kabinett als Zentrum der Regierungsgewalt verdrängte.

Kaum hatten die Militärs zum Rückzug geblasen, erwies

sich, daß das Zweiparteienstück der fünfziger Jahre nur ein Vorspiel für ein sehr viel komplizierteres politisches Drama gewesen war. Neben der CHP und der Nachfolgepartei der DP (die verboten blieb), der *Gerechtigkeitspartei (Adalet Partisi, AP)*, begannen sich bald an den politischen Rändern der Linken und Rechten extremistische Gruppierungen herauszubilden. Ihre Propaganda und Programme brachten weltanschauliche und politische Elemente in das politische Leben ein, die bis dahin nicht offen hatten in Erscheinung treten dürfen. Vielleicht noch nachhaltiger wirksam als das Gewicht der extremistischen Parteien selbst war ihr Einfluß auf außerparlamentarische Kräfte und Gruppierungen, die sich zunächst auf der Linken und seit der zweiten Hälfte der sechziger Jahre auch auf der Rechten formierten. Auf der Linken entstanden kommunistische Organisationen, die aber tiefgreifend zersplittert blieben und an den Urnen – sie durften sich freilich nicht „kommunistisch" nennen – nur geringe Erfolge hatten. Die Rechte trat in zwei unterschiedlichen programmatischen Orientierungen auf: Die *Partei der Nationalistischen Bewegung (Milliyetçi Hareket Partisi, MHP)* vertrat einen türkisch-völkischen Nationalismus; die *Nationale Heilspartei (Millî Selamet Partisi, MSP)* einen islamischen Fundamentalismus, der auf die Wiedererrichtung einer „islamischen Ordnung" abzielte.

Daß es vor dem Hintergrund dieser Entwicklung nicht leicht sein würde, die türkische Demokratie im Rahmen der neuen Verfassung zu managen, sollten die Wahlen vom 15. 10. 1961, die ersten nach dem Militärputsch, zeigen. Für die CHP reichte es wieder nur zu 173 Sitzen (36,7 %), unwesentlich mehr als die soeben gegründete AP erhielt. Die Rechten erhielten immerhin beachtliche 27,3 %. Die Regierungskoalition zwischen CHP und AP unter Ismet Inönü war von Anfang an fragil. Eine neue Stabilität trat erst ein, als die AP, nunmehr unter Süleyman Demirel, in den Wahlen vom Oktober 1965 mit 52,9 % die absolute Mehrheit der Stimmen erreichte. Die CHP blieb mit 28,7 % abgeschlagen auf der Strecke; so auch die anderen Parteien, von denen keine über 7 % hinauskam.

Mit Süleyman Demirel betrat eine Persönlichkeit die politische Bühne, deren Karriere erst im Mai 2000 ein Ende finden sollte. 1924 in einem anatolischen Dorf bei Isparta geboren, hatte er sich ohne Hilfe hochgearbeitet und war zum Teil im öffentlichen Dienst, zum Teil in der Privatwirtschaft tätig gewesen. Menderes hatte ihm die Verantwortung für den Bau von Staudämmen übertragen; nach 1960 hatte er für ein amerikanisches Unternehmen gearbeitet. Als Politiker besaß er wie Menderes die Gabe, das Ohr der Massen zu erreichen, eine Fähigkeit, die dem klassischen Typus des kemalistischen Politikers, so auch Inönü, abging.

Als Süleyman Demirel 1993 – nach dem Tod von Turgut Özal, 28 Jahre nach seinem ersten Wahlsieg – das Amt des Staatspräsidenten übernahm, spiegelte sich in dieser Entscheidung mehr als nur der persönliche Triumph eines altgedienten Staatsmannes. Die Wahl Demirels hatte die politische, gesellschaftliche und wirtschaftliche Situation in der Mitte der sechziger Jahre reflektiert. Seine Positionen waren geprägt durch den Kemalismus, wenn auch in einer durch die Hinwendung Menderes' zu den ländlichen Massen und der Privatwirtschaft abgeschwächten Variante. An diesen Positionen hat sich in etwa 35 Jahren wenig geändert. Seit der Mitte der achtziger Jahre ist die Türkei andererseits in einen dynamischen Wandlungsprozeß eingetreten, der sich mit dem Namen Turgut Özals, auf den noch einzugehen sein wird, verbindet. Schien Demirel in den Jahren von dessen Herrschaft politisch aufs Altenteil abgeschoben, so feierte mit seinem Aufstieg ins Amt des Staatspräsidenten ein früheres politisches Denken fröhliche Urständ. Dies gilt auch für andere Politiker, allen voran Bülent Ecevit. Das Spannungsverhältnis zwischen einer sich dynamisch wandelnden türkischen Gesellschaft auf der einen und einer nur schwer wandlungsfähigen dominanten politischen Klasse (einschließlich der Militärs) auf der anderen Seite ist eines der grundlegenden Dilemmata der heutigen Türkei. Es läßt sich an der politischen Laufbahn Demirels festmachen.

Die Sechziger waren Jahre eines raschen Wandels. Die Mobilität wuchs; die Grenzen zwischen den gesellschaftlichen

Schichten wurden durchlässiger. Die Zahl der Universitätsabsolventen wuchs rasch, ebenso das Industrieproletariat. Da ein linkes Auffangbecken – trotz der einsetzenden Linksöffnung der CHP – in der politischen Mitte nicht vorhanden war, suchten diese neuen gesellschaftlichen Kräfte teilweise Zuflucht in radikaleren Gruppierungen. Die AP war demgegenüber auf der Rechten verwundbar. Ihre Wählerbasis bestand in Bauern und Kleinhandwerkern, aber mit ihrer Politik verfolgte sie die Interessen der industriellen Bourgeoisie und der Großwirtschaft. Ihre frustrierten Wähler wurden so zunehmend Zielgruppen der islamischen und ultranationalistischen Parteien.

Es war die Linke, die mit gewalttätigen Aktionen begann und die politische Auseinandersetzung auf die Straße trug. Von Ende 1968 an jedoch reagierte darauf die militante Rechte, vornehmlich die *Grauen Wölfe*, die Jugendorganisation von Alparslan Türkeş, dem es immer mehr gelang, die ultranationalistische türkische Rechte unter seinen Einfluß zu bringen. 1969/70 wurde Gewalt ein Teil des politischen Alltags. Demirel war geneigt, die Augen davor zu schließen; auch sonst machte der Regierungschef wenig Anstalten, auf die sich zuspitzenden gesellschaftlichen und politischen Probleme eine Antwort zu finden. Am 12. 3. 1971 war es soweit; der Generalstabschef übergab dem Ministerpräsidenten ein Memorandum, in dem es hieß: Eine starke und glaubwürdige Regierung solle gebildet werden, die in der Lage wäre, die „Anarchie" zu beenden und Reformen im „kemalistischen Geist" durchzuführen. Das Schicksal Demirels war damit besiegelt. Das Memorandum zwang ihn praktisch zum Rücktritt.

Es folgte eine über zweijährige Phase militärisch gelenkter Politik. Die Regierung wurde von Technokraten geführt, zu deren wesentlichen Aufgaben es nach dem Willen des Militärs gehörte, an der Verfassung Änderungen mit dem Ziel vorzunehmen, die Staatsorgane bei der Eindämmung der Gewalttätigkeiten zu stärken. Diese nur halbherzigen und punktuellen Maßnahmen sollten sich jedoch als wenig wirksam erweisen. Die Intervention „per Memorandum" war bald in einen Sieg der konservativen Kräfte innerhalb des Militärs umgeschlagen. Wesentliche liberale Züge der Verfassung waren (durch 44 Verfassungsänderungen) eingeschränkt; der Einfluß des Nationalen Sicherheitsrates wurde ausgedehnt. Notwendige gesellschaftliche Reformen aber blieben aus.

Die Wahlen vom Oktober 1973 brachten eine doppelte Überraschung: Die eine bestand in einem steilen Wiederaufstieg der CHP. Drohte sie mit den Wahlen von 1950 von der politischen Bühne zu verschwinden, so entpuppte sie sich jetzt unerwartet als wirkliche „Volkspartei". Mit 33,5 % der Stimmen erreichte sie das beste Ergebnis seit ihrer vernichtenden Niederlage von 1950; eine neue Partei schien da erstanden. Dieser Erfolg war das Ergebnis eines langjährigen Erneuerungsprozesses. Von einer Gruppe elitärer Bürokraten, die von den Massen immer weniger angenommen wurde, hatte sie sich fast unbemerkt in eine moderne sozialdemokratische Massenpartei gewandelt. Hinter dieser Entwicklung stand ein Name: Bülent Ecevit. 1925 geboren, war er bereits 1965 Generalsekretär geworden und hatte dabei als Politiker wie als Theoretiker maßgeblichen Einfluß auf den politischen und programmatischen Wandel der Partei ausgeübt. „Links von der Mitte" (*Ortanın solu*) sollte jetzt der Standort der Partei sein. 1972 war ihm die Palastrevolution gelungen: In einer dramatischen Abstimmung löste er den langjährigen Parteivorsitzenden Ismet Inönü ab. Verbunden damit war auch eine Neuinterpretation des Kemalismus durch einen Vertreter der gemäßigten Linken.

Die zweite Überraschung war der Erfolg der MSP, die mit 48 Sitzen als drittstärkste Gruppierung ins Parlament einzog. Ließ sich schon der Erfolg der Sozialdemokraten als ein Resultat tiefgreifender gesellschaftlicher Umgestaltung und eines wirtschaftlichen Entwicklungsprozesses erklären, so galt das erst recht für den Erfolg der MSP. Sie konnte ihre Wähler namentlich aus jenen Kreisen rekrutieren, die mit dem raschen wirtschaftlichen und gesellschaftlichen Wandel im Lande, insbesondere mit der Industrialisierung seit Mitte der sechziger Jahre, nicht hatten Schritt halten können, von gesellschaftlichem Abstieg bedroht waren und den kulturellen Halt verloren hatten. In der „islamischen Ordnung", wie sie die MSP propagierte, suchten sie ihre Zuflucht.

Das Ergebnis der Wahlen freilich barg insofern ein Dilemma, als Regieren nur über Koalitionen möglich sein würde. Die Koalitionsverhandlungen dauerten über Monate, am Ende bildeten die Parteien, die – eine jede auf anderen ideologischen Grundlagen – ähnliche Wählerschichten ansprachen, eine Koalition: die sich sozialdemokratisch verstehende CHP und die islamistische MSP. Für den Regierungschef schien die Gelegenheit, sich des Koalitionspartners zu entledigen, mit der Krise um Zypern gekommen. Daß der Sozialdemokrat und „Pazifist" im Sommer 1974 entschied, türkische Truppen zum Schutz der dortigen türkischen Minderheit auf die Insel zu schicken, verschaffte ihm für einen historischen Augenblick persönliches Charisma. Die Erwartung freilich, daß er nunmehr durch Neuwahlen allein würde regieren können, trog. Im Parlament fand sich keine Mehrheit für Neuwahlen, und nach langem politischen Kuhhandel gelang es Anfang 1975 Süleyman Demirel, seinerseits eine Koalition zusammenzubringen. Hochtrabend als *Nationalistische Front* bezeichnet, waren in ihr diesmal gleich zwei rechtsextreme Parteien – die MSP und die MHP – unverhältnismäßig stark vertreten.

Die Neuwahlen 1977 ergaben keine grundlegende Änderung. Anstelle einer großen Koalition zogen es Ecevit und Demirel vor, Koalitionen mit den kleinen extremistischen Gruppen einzugehen. Der Kauf von Abgeordneten, um diese zum Wechsel ins eigene Lager zu bewegen, florierte. Die wirtschaftliche Situation verschlechterte sich weiter, und die Erfüllung von Forderungen der linksextremen *Gewerkschaftsföderation Revolutionärer Arbeiter* heizte die Inflation weiter an. Der Stillstand in der Regierungsarbeit lähmte zunehmend auch die Verwaltung. In zahlreichen öffentlichen Institutionen und Organisationen, namentlich an den Universitäten, setzten sich militante Kräfte der einen oder anderen Seite durch und blockierten ein ordentliches Funktionieren. Auch die Sicherheitskräfte wurden von dieser Polarisierung mehr und mehr gelähmt. Die roten Warnlampen einer neuerlichen militärischen Intervention blinkten unaufhörlich. Als es dem Parlament 1980 über sechs Monate nicht gelang, einen neuen Staatspräsidenten zu wählen, übernahm am 12.9.1980 das Militär zum dritten Mal seit dem Übergang zum Mehrparteiensystem die Macht.

Vielfach sind die Ursachen, an denen das 1961 geschaffene System scheiterte. Konnte aber überhaupt ein Land, das noch tief in Unterentwicklung befangen war, in dem nur ein Teil der Bürger lesen und schreiben konnte und die Masse der Menschen vornehmlich auf dem Land stark in herkömmliche soziale Bindungen eingebunden war, im europäischen Sinne demokratisch sein? Möglicherweise war die Meßlatte der Demokratie von vornherein zu hoch gelegt. Dennoch bildet die Phase zwischen 1961 und 1980 einen wichtigen Abschnitt der politischen wie namentlich der wirtschaftlichen und gesellschaftlichen Entwicklung des Landes. Durchaus positive Entwicklungen sind im Rückblick zu erkennen: Das rasche wirtschaftliche Wachstum und die sich beschleunigende Industrialisierung gehören dazu. Hinzuweisen ist aber auch auf die Entwicklung einer zeitweilig freien Presse als eines Grundpfeilers der Demokratie sowie auf die Entfaltung eines vielfältigen dynamischen Geisteslebens. Eine große Zahl von Verbänden und Interessengruppen quer durch alle Berufe und gesellschaftliche Schichten war gegründet worden. Auch das pluralistische Parteienwesen, das sich nach und nach ausgebildet hatte, war ja im Prinzip eindrucksvoll. Das Problem lag bei den politischen Führern, denen es offenbar an politischer Reife und an demokratischer Erfahrung mangelte. Die Entwicklung stagnierte, als die Türkei nach 1976 eine Beute von Anarchie und Terror wurde.

Diesmal leistete das Militär „ganze Arbeit". Das Parlament wurde aufgelöst und die Verfassung außer Kraft gesetzt. Andererseits ließen die Generäle unter Kenan Evren von Anfang an keinen Zweifel daran, daß sie früher oder später die Macht an die Politiker zurückgeben würden. Für die „neue Türkei" setzten sie sich drei Ziele: Die Wiederherstellung von Ruhe und Ordnung; die Schaffung eines politischen Systems, in welchem sich die Zustände der Zeit vor dem Coup nicht mehr wiederholen würden; und die Verwirklichung einer neuen Wirtschaftsordnung. Nach Ansicht der Generäle lag die Wurzel der Krise in der tiefgreifenden Politisierung aller Bereiche der türkischen Gesellschaft – von den Gewerkschaften über den öffentlichen Dienst bis zu den Universitäten. Weite Bereiche der administrativen, gesellschaftspolitischen, rechtlichen und politischen Maßnahmen waren deshalb darauf gerichtet, die türkische Gesellschaft zu entpolitisieren. Neben den Parteien hatten die Militärs zwei andere Sündenböcke als Mitschuldige an der Krise ausgemacht: die bürokratische Elite und die Intelligenz. Bald nach der Machtergreifung setzten „Säuberungen" großen Stils unter den Angehörigen des öffentlichen Dienstes ein, von denen Zehntausende betroffen waren. Im Juli 1982 wurde ein Verfassungsentwurf veröffentlicht, und im November in einer Volksabstimmung eine neue Verfassung mit 91,2% der Stimmen angenommen. Mit diesem Referendum hatte man bewußt die Wahl des Vorsitzenden des Nationalen Sicherheitsrates zum Staatspräsidenten für einen Zeitraum von sieben Jahren verbunden. Juntachef Kenan Evren war ohne Zweifel zu diesem Zeitpunkt noch eine populäre Figur.

War die Verfassung von 1961 ein extrem liberales Dokument, so verzettelte sich das Grundgesetz von 1982 in einem Dschungel von detaillierten Regelungen. Den Belangen des Staates wird durch die Begrenzung der individuellen Freiheiten Rechnung getragen. Die Grundrechte sind zwar generell verbrieft, ihrer Geltung sind aber mit Rücksicht auf die staatliche Einheit sowie auf die öffentliche Ruhe und Ordnung enge Grenzen gesetzt. Über den Plan der Generäle, ein Zwei-Parteien-System zu verordnen, ist die Geschichte hinweggegangen, bevor er verwirklicht werden konnte. Am 6.11.1983 stimmte das Volk mit klarer Mehrheit gegen das Konzept der Generäle. Buchstäblich in der letzten Minute vor Ablauf des Stichtages war ein Mann in den politischen Ring getreten, den die Generäle schlecht hatten fernhalten können, war er doch der Architekt jenes Programms einer neuen türkischen Wirtschaftspolitik, die – eine der wenigen Erbschaften von der letzten vormilitärischen Regierung Süleyman Demirels – als Marktwirtschaft zur wirtschaftspolitischen Leitlinie erklärt worden war. Özal war im Juni 1982 von seinem Posten als stellvertretender Ministerpräsident, zuständig für die Wirtschaft, zurückgetreten. So konnte er die *Mutterlandspartei (Anavatan Partisi, ANAP,* nach deutschem Sprachgebrauch eher *Vaterlandspartei*) ins Rennen schicken. Mit 45,15 % der Stimmen und 211 von 400 Sitzen für ANAP wurden die beiden vom Militär begünstigten Parteien vernichtend geschlagen.

Die Wahlen wurden einmal mehr zu einer überzeugenden Bekundung dafür, daß die Zustimmung zu Demokratie und Pluralismus mittlerweile tief in der türkischen Wählerschaft verwurzelt ist. Nachfolgeorganisationen der verbotenen Parteien traten nunmehr auf den Plan; neue politische Führer wurden anstelle der gebannten an ihre Spitze gestellt. Prominentester unter ihnen war Erdal Inönü, Sohn des einstigen „zweiten Mannes". Als Professor für Physik an der Universität Ankara war er bis dahin eher ein Mann des akademischen Lebens gewesen. Politischen Ehrgeiz hatte er nicht gezeigt. Seine Freunde aber in der neugegründeten *Sozialen Demokratie-Partei* vermochten ihn davon zu überzeugen, daß ihre Gruppierung eine Nachfolgepartei jener CHP sein sollte, zu deren Gründungsvätern sein Vater gehört hatte und deren Vorsitzender dieser viele Jahrzehnte gewesen war, bis ihn 1972 ein junger Parteisekretär aus dem Vorsitz verdrängte. Dieser freilich, Bülent Ecevit, ging bald seinen eigenen Weg. Nachfolgepartei der AP wurde die *Partei des Rechten Weges (Doğru Yol Partisi, DYP).*

Der Aufbau einer neuen Parteienlandschaft sollte mit den Wahlen vom 29.11. 1987 besiegelt werden. Vorausgegangen war am 6.9.1987 eine Volksabstimmung, in der darüber entschieden wurde, ob die von den Militärs für 10 bzw. 5 Jahre in die Wüste geschickten Politiker auf die politische Bühne zurückkehren durften. Enthusiastisch fiel der Zuspruch für die Politikerkaste von gestern nicht aus. Nur eine hauchdünne Mehrheit von 0,32 % sprach sich dafür aus. Immerhin waren sie damit alle wieder an Deck: vom Sozialdemokraten Bülent Ecevit über den konservativen Süleyman Demirel bis zu den beiden Rechtsaußen, Necmettin Erbakan und Alparslan Türkeş.

Sieger der Wahlen vom 29.11.1987 wurde mit 36,29 % der Stimmen und 292 Mandaten die *Mutterlandspartei* unter Turgut Özal; gefolgt von den Sozialdemokraten, nunmehr genauer der *Sozialdemokratischen Volkspartei* (SHP), mit 99 Mandaten und der *Partei des Rechten Weges*, jetzt wieder unter ihrem „angestammten" Führer Süleyman Demirel mit 59 Mandaten. Alle anderen Parteien scheiterten an der Zehn-Prozent-Klausel.

In den Jahren seit 1983 war Turgut Özal, der „neue Mann" in der türkischen Politik, die bestimmende politische Gestalt in Ankara. Özal, Jahrgang 1927, war in Malatya geboren, stammte also – wie Demirel – aus dem tiefsten Anatolien. Auch er war Ingenieur. Er hatte am Polytechnikum in Istanbul und dann in den USA eine Ausbildung zum Elektroingenieur und Volkswirt absolviert. 1971 war er zur Weltbank gegangen und hatte seit 1973 in der Privatwirtschaft gearbeitet, bis Demirel ihn erneut rief. In dessen letztem Kabinett, dem schließlich durch das Militär ein Ende gemacht wurde, hatte er begonnen, mit der Durchsetzung eines umfangreichen, der Marktwirtschaft verpflichteten Wirtschaftsprogramms die türkische Wirtschaft zu revolutionieren. Die Militärs hatten den erfahrenen Wirtschaftsmanager „übernommen". Politisch war Özal seit den siebziger Jahren eher dem religiösen Lager zuzurechnen gewesen. Jetzt wurde er der Architekt der Rückkehr zur Demokratie. Er war aber auch der Architekt einer Abkehr der Türkei von einer abgewirtschafteten Staatswirtschaft, die durch das kemalistische Prinzip des Etatismus praktisch für alle Zeiten zementiert zu sein schien, und der Hinwendung zur Marktwirtschaft europäischen Zuschnitts.

Wie im Falle von Menderes, dem Özal geistig und politisch nahestand, verlor auch Özals Charisma mit steigenden wirtschaftlichen Problemen an Glanz. Das forcierte Wirtschaftswachstum hatte eine Inflationsrate von rund 80 % erzeugt, derer die Regierung nicht Herr zu werden vermochte und die zu wachsenden sozialen Härten führte. Bei den Kommunalwahlen im März 1989 kam ANAP nur noch auf den dritten Platz – hinter SHP und DYP. Özal, mit seiner Partei im Abstieg, nutzte die Gunst der Stunde und ließ sich nach dem Auslaufen der Präsidentschaft von Ex-General Kenan Evren am 1. 10. zum Präsidenten wählen. Er war nach Celal Bayar (1950–1960) der zweite zivile Staatspräsident in der Geschichte der Türkischen Republik. Mit einer Reihe von zum Teil spektakulären Maßnahmen versuchte er, die Türkei zu verändern. Das Land sollte ein Gesicht erhalten, das es den Europäern erleichtern würde, es als Mitglied der Europäischen Union (EU) zu akzeptieren. In Sachen Menschenrechte war Ende der achtziger Jahre einiges in Bewegung geraten, darauf wird noch einzugehen sein. 1991 wurden die Paragraphen 140–142 und 163 des Strafgesetzbuches gestrichen. Sie hatten kommunistische Aktivitäten in gleicher Weise wie islamistische Bestrebungen unter Strafe gestellt. Das im Oktober 1983 verabschiedete Sprachengesetz wurde annulliert. Es hatte sich vornehmlich gegen den Gebrauch der kurdischen Sprache gerichtet. Daneben gelang es Özal, den Einfluß des Militärs in der türkischen Politik deutlich zurückzudrängen. Die Kehrseite der Liberalisierung war das im April 1991 verabschiedete „Antiterrorgesetz“. Zwar sollte es in erster Linie der Terrorbekämpfung dienen; doch waren in das Gesetz eine Reihe von Vorschriften „hineingepackt“, die nachhaltige Eingriffe in die Menschen- und Bürgerrechte ermöglichten.

Mit den Wahlen vom Oktober 1991 büßte die ANAP die Macht ein. Als stärkste Gruppierung ging die Partei DYP von Süleyman Demirel daraus hervor; sie erreichte mit 27% der Stimmen und 179 Sitzen jedoch nicht die absolute Mehrheit. Drittstärkste Partei wurde mit 21% die SHP. Bemerkenswert war, daß sich unter ihren 86 Abgeordneten 22 ehemalige Mitglieder der kurdischen *Volksarbeitspartei (Halkın Emek Partisi, HEP)* befanden. In den mehrheitlich kurdischen Südostprovinzen waren sämtliche auf die SHP-Liste gesetzten Kandidaten der HEP gewählt worden. Noch etwas anderes war am Urnengang von 1991 von weitreichender Bedeutung. Die beiden Parteien der extremen nationalistischen und islamistischen Rechten, die bei den Wahlen vier Jahre zuvor noch an der Zehn-Prozent-Hürde gescheitert waren, konnten auf einer gemeinsamen Liste 17% der Stimmen erringen. Nach dem Wahlerfolg der DYP blieb Präsident Özal nichts anderes übrig, als seinen langjährigen Rivalen, ja politischen Gegner, Süleyman Demirel, mit der Regierungsbildung zu beauftragen. Ein Vierteljahrhundert nachdem Demirel 1965 sein erstes Kabinett gebildet hatte und nachdem er zweimal vom Militär abgesetzt worden war (1971 und 1980), war der schwergewichtige Stehaufmann der türkischen Politik einmal mehr am Zuge. Diesmal in Koalition mit der SHP.

Am 17.4.1993 verstarb Turgut Özal überraschend. Wenn man ihm auch mancherlei politische und menschliche Unzulänglichkeiten vorwerfen kann – vor allem, daß er bewußt die religiösen Kräfte in der türkischen Politik zu stärken suchte –, so war er insgesamt aber ein Politiker von historischer Statur. Özal habe, so viele, die Türkei gleichsam wie ein gigantisches Wirtschaftsunternehmen „gemanagt". Die Durchsetzung der Marktwirtschaft, die Fortentwicklung der Demokratie, die Rückdrängung des politischen Einflusses des Militärs, die Abschaffung des Informationsmonopols des staatlichen Radios und Fernsehens sowie schließlich seine realistische Reaktion auf die kurdische Frage, die mit den Kämpfen im Südosten des Landes und insbesondere mit der Vertreibung von Hunderttausenden von Kurden aus dem Irak über die Grenze in die Türkei nach dem Ende des Zweiten Golfkrieges (1991) in neuer Weise gestellt war – es waren nur einige, freilich wichtige Bereiche, in denen pragmatisch gehandelt werden mußte, wenn das „Unternehmen Türkei" auf Erfolgskurs gebracht werden sollte. In der Außenpolitik erwies sich Özal nicht nur als überzeugter Gefolgsmann der USA; mit dem Antrag auf Vollmitgliedschaft in der EG suchte er 1987 einen Gordischen Knoten zu durchhauen, den Generationen türkischer Politiker vor ihm nur noch komplizierter geknüpft hatten. Und sein Tod ereilte ihn nur zwei Tage nach der Rückkehr von zwei ausgedehnten Reisen durch die jungen turksprachigen Republiken Zentralasiens und durch den Balkan, auf denen er für eine enge politische und wirtschaftliche Partnerschaft zwischen der Türkei und ihrem neuen Umfeld geworben hatte.

Der Tod Özals bedeutete einen unübersehbaren Einschnitt in der Entwicklung der Türkei. Die führenden Politiker waren nunmehr anhaltend mit ihrem politischen Überleben befaßt; und zum Teil in kriminelle Machenschaften verwickelt, gingen sie Koalitionen ein, die sich nicht in der Lage zeigten, die notwendigen politischen, wirtschaftlichen und gesellschaftlichen Reformen zu unternehmen.

Am 16.5.1993 wurde Süleyman Demirel zum neunten Präsidenten der Türkei gewählt. Seine Nachfolgerin als Vorsitzende der DYP wurde Tansu Çiller. Demirel selbst hatte die Wirtschaftsprofessorin Ende der siebziger Jahre in die Politik geholt. Sie sollte sich entschlossen zeigen, sich mit allen – auch fragwürdigen – Mitteln durchzusetzen und zu behaupten. So gelang es ihr, über den Parteivorsitz hinaus Demirel auch – die erste Frau in diesem Amt – als Ministerpräsidentin zu beerben. Koalitionspartner wurde die SHP (die im Februar 1995 mit der „klassischen" CHP fusionierte).

Die Koalition war in hohem Maße mit ihren inneren Problemen beschäftigt. Der Konflikt mit der PKK (s.u. S. 106f.) eskalierte; wiederholt vorgetragene Waffenstillstandsangebote seitens des PKK-Chefs Öcalan blieben unbeantwortet. Die Kurdenfrage, deren politische Dimension Staatspräsident Özal erkannt hatte, wurde unter Frau Çiller wieder ausschließlich Sache des Militärs, das den Terror der PKK zunehmend mit Staatsterror gegen die Bevölkerung im Südosten erwiderte. Anfang Mai hob das Parlament wegen „separatistischer Äußerungen" die Immunität von acht Abgeordneten der prokurdischen *Demokratie-Partei (DEP)* auf; einige von ihnen wurden nach der Abstimmung verhaftet. Die Partei, Nachfolgerin der HEP, wurde im Juni verboten. Als Ersatzpartei hatte sich bereits im Mai die *Volksdemokratie-Partei (Halkın Demokrasi Partisi, HADEP)* konstituiert.

Vor dem Hintergrund weitgehender Stagnation konnte es als Alarmsignal gewertet werden, daß die Islamisten bei den

Kommunalwahlen am 28. 3. 1994 ihre Gewinne verdoppeln konnten. Auf Kosten der großen Parteien erhielt die RP (*Refah Partisi*) 18,75 % der Stimmen; ihre Kandidaten gewannen u. a. die Bürgermeisterposten von Istanbul und Ankara. Die DYP behauptete sich mit 22,0 % gefolgt von ANAP mit 20,87 %. Die SHP fiel mit 13,19 % auf die vierte Stelle zurück.

Das Jahr 1995 sah die Ministerpräsidentin und ihre Koalition im Überlebenskampf. Mit Blick auf die Ratifizierung des am 6.3. in Brüssel unterschriebenen Vertrages über die Zollunion der Türkei mit der EU durch das Europäische Parlament mußten Verfassungsänderungen beschlossen werden, um das demokratische Erscheinungsbild des Landes zu verbessern. Dazu waren Zweidrittelmehrheiten erforderlich. Nach einer den Sommer andauernden äußerst kontroversen Diskussion wurden am 23.7. sechzehn Änderungen angenommen. Einige betrafen technische Fragen wie die Erhöhung der Parlamentssitze von 450 auf 550, andere hoben in der Verfassung verankerte Betätigungsverbote für Parteien und Organisationen auf. Indirekt in Zusammenhang mit dem Verbot von kurdischen Parteien stand die Änderung, derzufolge bei einem Parteiverbot durch das Verfassungsgericht nicht automatisch alle Mitglieder der Partei, sondern nur die für das Verbot Verantwortlichen, ihre Parlamentsmitgliedschaft verlieren würden. Die Koalition überlebte diesen Kraftakt nicht lange. Am 10.9. übernahm Deniz Baykal, ein langjähriger Vertreter des linken Flügels der Sozialdemokraten, wieder die Führung der CHP. Als er zwei Tage später die Koalition aufkündigte, mußte auch Frau Çiller zurücktreten. Als Ministerpräsidentin in einem nachfolgenden DYP-Minderheitskabinett, schrieb sie Neuwahlen für den 24.12.1995 aus. Deren Ergebnis lag gleichsam im Trend: Bei einer ungewöhnlich hohen Wahlbeteiligung ging die RP mit 21,38 % und 158 Sitzen als Siegerin hervor. Zweitstärkste Fraktion wurde die DYP mit 135, gefolgt von ANAP mit 132 Sitzen. Ecevits DSP zog mit 76 und die CHP mit 49 Abgeordneten in das neue Parlament ein; mit 10,71 % hatte sie gerade noch einmal die Zehn-Prozent-Hürde übersprungen.

Die Regierungsbildung gestaltete sich erwartetermaßen schwierig. Erst am 12.3.1996 erhielt eine Regierung aus ANAP und DYP das Vertrauen des Parlaments; die RP war noch nicht zum Zuge gekommen. Als Minderheitskabinett ohnehin schon auf die Duldung anderer Parteien angewiesen, waren die Aussichten auf die Stabilität der Regierung durch die notorischen Animositäten zwischen den beiden Parteiführern nicht gerade rosig. Weiter erschwert wurde die Regierungsarbeit durch die Absprache, nach der Mesut Yılmaz über die ersten beiden, Tansu Çiller dann über die folgenden beiden Jahre der Legislaturperiode Ministerpräsidenten sein sollten. Wechselseitige Beschuldigungen über zwielichtige Finanzaffären machten effiziente Regierungsarbeit von Anbeginn unmöglich; und schon am 6.6. kündigte Yılmaz die Koalition auf.

Wie bereits zu Jahresbeginn wurde wiederum der seinerzeit mit der Regierungsbildung gescheiterte Vorsitzende der RP als der stärksten Fraktion mit der Regierungsbildung beauftragt. Diesmal zierte sich Frau Çiller nicht lange; in kurzer Zeit kam eine Koalition aus RP und DYP unter der Führung Erbakans zustande, der das Parlament Anfang Juli das Vertrauen aussprach. Das Koalitionsabkommen bewahrte Frau Çiller vor Untersuchungen über die Verwendung von Mitteln aus einem sogenannten „Schmiergeldfonds" durch eine Parlamentskommission. Ein Unfall, der sich am 3.11. bei Susurluk/Provinz Balıkesir ereignete, erschütterte das gesamte Staatswesen. Weit suspekter als Waffenfunde (Pistolen, Maschinenpistolen, Schalldämpfer) im verunglückten Personenwagen war die Zusammensetzung der Insassen: ein mit falschen Papieren ausgestatteter, von Interpol gesuchter Terrorist aus der rechten Szene, die ebenfalls unter falschem Namen reisende Geliebte eines ermordeten Unterweltbosses und der Chef des Istanbuler Polizeidepartments. Alle drei kamen bei dem Unfall ums Leben; es überlebte ihn ein vierter Insasse, Abgeordneter der DYP aus Urfa, gleichzeitig Führer eines bekannten kurdischen Klans. Der bereits gelegentlich aufgetauchte Verdacht, daß Politiker, Teile der Sicherheitskräfte und organisiertes Verbrechen bei einer Kette von mysteriösen Morden an Personen aus dem Unterweltmilieu, an kurdischen Geschäftsleuten und Intellektuellen sowie an linksliberalen Journalisten zusammengearbeitet hätten, erhielt neue Nahrung. Bis in die Gegenwart ist in Sachen „Susurluk“ mehr vertuscht als aufgeklärt worden. Der Ort steht für einen Tiefpunkt türkischer Politik.

Der neue Ministerpräsident suchte ein Signal einer „neuen“ Politik zu setzen. Er tat es in der Außenpolitik: Seine ersten beiden Auslandsreisen führten ihn nach Iran, Pakistan, Singapur, Malaysia und Indonesien sowie nach Ägypten, Libyen und Nigeria. Auf Erbakans Initiative trafen sich auch im Sommer 1997 in Istanbul die Staatschefs bzw. Ministerpräsidenten Nigerias, Ägyptens, Irans, Pakistans, Bangladeschs, Malaysias und Indonesiens und konstituierten die Gruppe der *Developing-8 (D-8)*, einer auf wirtschaftliche und politische Kooperation ausgerichteten Gemeinschaft – schon in ihrer Bezeichnung ein sichtbares Gegenstück zur „westlichen“ Gruppe der G-7.

Von dem erratischen Verhalten der neuen Regierung fühlte sich das laizistische Establishment, vor allem das Militär, herausgefordert. Die Auseinandersetzung nahm zeitweilig die Dimension eines Machtkampfes an. Ein bezeichnendes Beispiel – dieser Fall aber war nur einer unter vielen – war die in Sincan, einem Vorort von Ankara, vom dortigen RP-Bürgermeister veranstaltete „Jerusalem-Nacht“ (31.1./1.2.1997). Sie geriet zu einer Demonstration gegen Israel und für den islamischen Staat, bei der der iranische Botschafter als Gastredner die Türkei aufforderte, statt des Säkularismus die Scharia, das islamische Gesetz, als Grundlage des Staates zu wählen. In den frühen Morgenstunden des 4.2. zogen Panzer und Truppenverbände auf dem Weg zu einem „Manöver“ durch die Hauptstraße von Sincan. Es war eine Warnung; vor einem Staatsstreich scheute die Militärführung zurück. Zu einem schweren Rückschlag für die RP wurde dann die vom Nationalen Sicherheitsrat den Politikern verordnete Schulreform. Die fünfjährige Grundstufe wurde auf acht Jahre erweitert und die Mittelstufe aufgehoben. Damit wurde es den islamischen

Imam-Hatip-Schulen schwerer gemacht, Kinder, die nach dem 5. Jahr die religiösen Schulen besucht hatten, zu indoktrinieren. Koranschulen privater islamischer Einrichtungen wurden dem Erziehungsministerium unterstellt bzw. geschlossen.

Unter vielfältigem Druck reichte Erbakan am 18.6.1997 seinen Rücktritt ein. Hatte er gehofft, nach der Rotation mit Tansu Çiller wenigstens im Kabinett bleiben zu können, machte ihm der Staatspräsident einen Strich durch die Rechnung. Dieser beauftragte abermals Mesut Yılmaz mit der Regierungsbildung. Die RP wurde am 16.1.1998 durch das Verfassungsgericht verboten. Bereits im vorangegangenen Dezember war aber vorausschauend eine „Ausweichpartei" gegründet worden, die sich nunmehr *Tugendpartei (Fazilet Partisi, FP)* nannte. Die meisten der RP-Parlamentarier traten nahtlos zu dieser über. Und schon im Mai 1998 bildete die FP wieder die stärkste Fraktion. Parteivorsitzender wurde aufgrund des mit dem Verbot einhergehenden politischen Banns über Erbakan Recai Kutan.

Die von Anbeginn an fragile Regierung unter Yılmaz, die Anfang Juli 1997 ihre Arbeit aufnahm, zerbrach, als das Parlament dem Ministerpräsidenten am 25.11.1998 das Mißtrauen aussprach. Erst am 11.1.1999 gelang es Bülent Ecevit, eine Minderheitsregierung zu bilden. Die Ergebnisse der Neuwahlen vom 18.4.1999, die zugleich Parlaments- und Kommunalwahlen waren, entsprachen nicht den Prognosen. Mit 22,1 % erhielt die DSP Ecevits 136 Sitze und wurde stärkste Fraktion. Völlig überraschend errang die MHP, die unter ihrem neuen Vorsitzenden Devlet Bahçeli einen Erneuerungsprozeß erfahren hatte, mit 18,1 % der Stimmen 130 Mandate. Noch vor den Wahlen hatten Zweifel bestanden, ob sie die Zehn-Prozent-Hürde überwinden würde. Erst an dritter Stelle schnitt die FP mit 15,2 % der Stimmen (110 Sitze) ab. Unter „ferner liefen" rangierten ANAP mit 13,2 % (86 Sitze) und DYP mit 12,1 % (85 Sitze). Das Wahlergebnis spiegelt in erster Linie die Welle nationalistischer Selbstvergewisserung wider, die seit der Zurückweisung der Türkei in Luxemburg als Kandidat für eine Vollmitgliedschaft in der EU im Dezember 1997 durch die türkische Gesellschaft gegangen war und die durch die Gefangensetzung Öcalans am 16.2.1999 einen gewaltigen Schub erhalten hatte. Bemerkenswert war schließlich, daß die CHP, die „Partei Atatürks", die Zehn-Prozent-Hürde nicht überwinden konnte (8,7%). Zwar blieb auch die kurdische HADEP landesweit deutlich darunter (4,7%), doch konnte sie im Osten und Südosten bei Ergebnissen zwischen 30 und 50 Prozent der Wählerstimmen in sieben Städten die Mehrheit in den Stadträten erringen.

Die Regierung hat – entgegen weit verbreiteten Erwartungen – ihre bequeme Mehrheit im Parlament genutzt, um eine Reihe von seit Jahren verschleppten Gesetzgebungsvorhaben durchzubringen. Dazu gehörten die Reform der Renten- und Krankenversicherung, der Steuergesetzgebung und des Bankensystems. Erstmalig in der Geschichte der Türkei wurde eine Arbeitslosenversicherung eingeführt und die internationale Schiedsgerichtsbarkeit anerkannt. Als Folge der Zollunion wurde eine nationale Wettbewerbsbehörde gegründet und ein modernes Zollgesetz verabschiedet. Durch Gesetzesänderungen wurde die Privatisierung der ineffizienten und defizitären Staatsunternehmen rechtlich erleichtert. Auch auf dem ungleich schwierigeren Gebiet der Stärkung von Rechtssicherheit, Bürgerfreiheiten und Menschenrechten wurden Reformschritte unternommen. Die Strafe für Folter und Mißhandlung durch Polizei- und Sicherheitskräfte wurden erheblich verschärft. Eine Teilamnestie wurde für Delikte im Bereich der Meinungsäußerung gewährt.

Zur positiven Bilanz gehört auch die Wahl des Vorsitzenden des Verfassungsgerichts, Ahmet Necdet Sezer, zum 10. Staatspräsidenten des Landes im Mai 2000. Sezer, ein politischer Außenseiter, war bereits in der Vergangenheit durch seine Kritik an den undemokratischen Elementen der Verfassung in Erscheinung getreten. Auf der positiven Seite stehen schließlich auch die Verfassungsänderungen, insbesondere vom Oktober 2001 und August/September 2002, die Hindernisse für den Beitritt der Türkei zur EU aus dem Weg zu räumen suchten.

Negativpunkte der Regierung Ecevit wurden durch die Proteste gegen den Strafvollzug und die Korruptionsvorwürfe gegen zahlreiche führende Politiker deutlich. Der militante Widerstand von Häftlingen gegen die Einführung eines neuen Gefängnistyps, dem die Sicherheitskräfte zum Teil mit großer Härte entgegentraten, und das Todesfasten insbesondere politisch linksorientierter Gefängnisinsassen, das auch im Jahre 2002 Todesopfer forderte, verrieten die starke Spannung zwischen dem Staat und der politischen Klasse auf der einen und der Gesellschaft auf der anderen Seite. Auch die Korruptionsvorwürfe und die Anti-Korruptionskampagnen zeigten, daß die Politiker das Vertrauen der Bürgerinnen und Bürger in hohem Maße verloren haben.

Während einer Beratung des Nationalen Sicherheitsrates am 19.2.2002 über die akute Finanz- und Wirtschaftskrise verließ Ministerpräsident Ecevit – selbst der Korruption unverdächtig – vorzeitig die Sitzung und ließ seinen Emotionen gegen Staatspräsident Sezer freien Lauf. Der Präsident hatte ihn gefragt, weshalb er, der Ministerpräsident, sich vor den Untersuchungen des Korruptionsausschusses beim Präsidialamt fürchte. Mit seinem Ausbruch brach Ecevit die Tradition, nicht über Interna der Sitzungen des Sicherheitsrates zu berichten. Er löste damit Spekulationen über einen Zusammenbruch der Regierung aus, die einen Börsensturz und einen dramatischen Verfall der Währung nach sich zogen. Eine Ursache der Bankenkrise war in der Tat, daß sich Politiker jahrelang zur Befriedung ihrer Klientel der staatlichen Banken bedient hatten.

Zur Rettung aus der Krise wurde Kemal Derwiş, bis dahin einer der stellvertretenden Präsidenten der Weltbank, aus Washington nach Ankara gerufen. Seine Maßnahmen, die darauf gerichtet waren, in enger Abstimmung mit dem Internationalen Währungsfonds den Staaten und die Wirtschaft, insbesondere das Finanzwesen, zu entflechten, sowie der anhaltende Druck, gegen der Korruption verdächtige Politiker vorzugehen, ließen die Spannung innerhalb der Regierungskoalition anwachsen. 2002 verlor der gesundheitlich unübersehbar geschwächte Ministerpräsident die Kontrolle über das Kabinett und insbesondere auch über seine eigene Partei. Zahlreiche Abgeordnete verließen diese und wandten sich anderen Parteien zu.

Die Befürchtungen vieler Abgeordneter, bei vorgezogenen Neuwahlen von den 41 Mio. wahlberechtigten Türkinnen und Türken wegen der verheerenden Finanz- und Wirtschaftskrise abgestraft zu werden, sollten sich bewahrheiten. Bei den vorgezogenen Parlamentswahlen am 3.11.2002 scheiterten alle drei Parteien der bisherigen Regierungskoalition unter Ministerpräsident Ecevit an der Zehn-Prozent-Hürde. Die *Partei der Nationalistischen Bewegung* kam auf 8,3; die liberalkonservative *Mutterlandspartei* auf 5,2 %.

Einen überwältigenden Sieg hingegen errangen die gemäßigten Islamisten, die durch die religiös-modernistische *Partei für Gerechtigkeit und Entwicklung (Adalet ve Kalkınma Partisi, AKP)* vertreten werden. Die erst ein Jahr zuvor gegründete Partei des früheren Istanbuler Bürgermeisters Recep Tayyip Erdoğan gewann 34,2 % der Stimmen; die gemäßigten Islamisten stellten damit 363 der 550 Abgeordneten und verfügten über die absolute Mehrheit in der Nationalversammlung. Als einzige andere Partei nahm die *Republikanische Volkspartei (CHP)*, die 1999 nicht in der Nationalversammlung vertreten war, die Zehn-Prozent-Hürde. Die CHP unter Deniz Baykal erhielt 19,3 % der Stimmen und übernahm mit 178 Abgeordneten in der Nationalversammlung die Rolle der Opposition.

Parteichef Erdoğan war es zunächst verwehrt, die Regierung zu bilden, da er nach geltendem Recht aufgrund eines vorangegangenen Strafverfahrens nicht als Abgeordneter in das Parlament gewählt werden konnte. Erst nach einer durch die Mehrheit der AKP-Abgeordneten herbeigeführten Änderung der Rechtslage konnte er in einer Nachwahl in Siirt am 9.3.2003 – erfolgreich – kandidieren. Als Abgeordneter begann er unmittelbar mit der Regierungsbildung. Sein Parteifreund Abdullah Gül war zuvor von dem interimistisch geführten Amt des Ministerpräsidenten zurückgetreten.

Außenpolitik an der Nahtstelle zweier Welten

Aus dem Zweiten Weltkrieg hatte sich die Türkei heraushalten können. Mit großer „Geschmeidigkeit" hatte es die Regierung geschafft, sich dem Druck der einen oder anderen Kriegspartei zu entziehen, an ihrer Seite in den Krieg einzutreten. Gewiß, die Türkei hatte am 23.2.1945 Deutschland den Krieg erklärt – und damit die Voraussetzung geschaffen, Gründungsmitglied der UNO zu werden. Darüber hinaus aber sollte bald deutlich werden, daß das Land der Herausforderung gegenüberstand, seine Außenpolitik den raschen Veränderungen der Weltpolitik anzupassen, die mit dem Ende des Krieges eintraten.

Im März 1945 ließ der sowjetische Diktator Josef Stalin wissen, daß Moskau den türkisch-sowjetischen Freundschaftsvertrag von 1925 nicht verlängern werde. Wenig später präzisierte die Sowjetunion ihre Forderungen an die Türkei: Der Meerengenstatus sollte neu verhandelt werden; Stalin forderte die Kontrolle sowie eine gemeinsame Verteidigung der Meerengen durch die Türkei und die Sowjetunion – unter Einschluß der Errichtung einer sowjetischen Militärbasis. Darüber hinaus sollten auch die 1921 an die Türkei zurückgegebenen Gebiete von Kars und Ardahan, die 1878–1918 zu Rußland gehört hatten, an die Sowjetunion, genauer gesagt an die Armenische Sowjetrepublik, zurückkehren. Daß der Westen entschlossen war, die Türkei zu schützen, machte am 12.3.1947 der amerikanische Präsident Truman deutlich, als er in der nach ihm genannten „Doktrin" feststellte, die nationale Integrität und Souveränität Griechenlands und der Türkei sei für die Sicherheit der USA und aller freiheitsliebenden Menschen von Bedeutung. Damit war der Weg zu massiver Militär- und Wirtschaftshilfe des Westens frei. Am 18.2.1952 stimmte das türkische Parlament mit überwältigender Mehrheit der Aufnahme in die Nato zu. Die Türkei war auch außenpolitisch auf einem neuen Weg. Schon zuvor hatte sie zu den Gründern der Organisation für Wirtschaftliche Zusammenarbeit in Europa (OEEC) gehört (April 1948) und war im August 1949 dem Europarat – zusammen mit Griechenland – beigetreten.

Die Festschreibung des Status der Türkei in der internationalen Politik, d.h. ihre entschlossene Eingliederung in das westliche Bündnis und die Gefolgschaft gegenüber den USA, hatten in diesen Jahren außenpolitisch ohne Zweifel Priorität. Demgegenüber trat das regionale Umfeld zurück. Das gilt auch für den Nachbarn Griechenland. Im Verhältnis zu ihm kam es zwar zu gelegentlichen Störungen, und mit der in den fünfziger Jahren beginnenden Agitation der Zypern-Griechen, die Insel mit dem Mutterland zu vereinen, traten künftige Turbulenzen bereits an den politischen Horizont. Auf der anderen Seite aber waren die Beziehungen zugleich durch ein hohes Maß an Interessenidentität gekennzeichnet. Der Nahe Osten trat erst langsam für die türkische Außenpolitik ins Bild. Auch zeigte die türkische Seite keine Eile, sich dort zu engagieren, nachdem es Atatürks Prinzip gewesen war, sich aus dieser Region, in die die Türken jahrhundertelang verstrickt gewesen waren, herauszuhalten. Die erste schwierige Entscheidung aber war die Einstellung gegenüber dem Staat Israel, der im Mai 1948 ins Leben trat. Noch 1947 hatte sich Ankara in den Vereinten Nationen gegen die Teilung Palästinas ausgesprochen, doch mußte es seine Politik bald revidieren. Der Wunsch nach enger Kooperation mit den USA ließ divergierende Einstellungen zum jüdischen Staat nicht zu. Und so erklärte sich die Türkei 1949 als erster Staat der Region zur Anerkennung Israels bereit; 1952 wurden volle diplomatische Beziehungen aufgenommen.

Es kann kein Zweifel daran bestehen, daß die türkische Politik in ihrem näheren und weiteren Umfeld amerikanischem Design folgte. Die Sowjetunion blieb der erklärte außenpolitische Gegner des Landes. Auch mit dem Beginn der Entspannung Ende der fünfziger Jahre änderte Ankara seine Haltung zunächst kaum. Es waren nicht zuletzt die Entwicklungen im Nahen Osten, die ein Auftauen der Beziehungen bis auf weiteres verhinderten. Dort nämlich hatte mit der Revolution der Freien Offiziere in Ägypten (1952) unter der Führung Nassers eine Kette von Entwicklungen eingesetzt, die im folgenden Jahrzehnt weite Teile der Region tiefgreifend und revolutionär verändern sollten. Dies aber konnte im Zeitalter des Kalten Krieges nicht ohne Auswirkung auf die Stellung und das Engagement der beiden Supermächte bleiben, war der Nahe Osten doch für beide Seiten von hohem strategischen aber nicht zuletzt auch wirtschaftlichen Gewicht. Der Stellenwert des Nahen und Mittleren Ostens für die türkische Außenpolitik nahm folglich im Jahrzehnt nach 1952 deutlich zu. Wie eng sich aber die Türkei an die amerikanische Politik anlehnte und wie wenig eigene regionalpolitische Interessen Ankara in jenen Jahren verfolgte, läßt sich u.a. an der Tatsache ablesen, daß sich Ankara Ende 1955 neben dem Irak, Pakistan, Iran und England dem auf amerikanisches Betreiben zustande kommenden Bagdad-Pakt anschloß, der die Eindämmung der Sowjetunion, in Europa manifestiert durch die Nato, im Nahen Osten fortsetzen sollte. Dieser erwies sich freilich als kurzlebig. Die Revolution im Irak vom 14.7.1958, durch die König Faisal II. gestürzt wurde, bedeutete sein Ende. Übrig blieb tatsächlich nur der „nördliche Gürtel“, bestehend aus der Türkei, Iran und Pakistan. Im August 1956 trat die Zentrale Bündnisorganisation (Central Treaty Organization, CENTO) an seine Stelle. Deshalb fand sich die Türkei in der Region relativ isoliert, als 1963 auf Zypern ein Problem aufbrach, das die politische Führung in Ankara bald dazu bringen sollte, die Außenpolitik des Landes einer Revision zu unterziehen. Jedenfalls machten es die zahlreichen Debatten in der UNO um Zypern 1964 notwendig, sich auch in der Region nach neuen Freunden umzusehen.

Hintergrund des Konflikts auf der und um die Insel war die Auseinandersetzung zwischen den Inselgriechen und Inseltürken um einen annehmbaren Status der beiden ethnischen Gruppen im Hinblick auf die sich abzeichnende Unabhängigkeit von Großbritannien. Diese wurde 1960 möglich, als Griechenland und die Türkei, die sich aktiv in die Auseinandersetzungen auf der Insel eingemischt hatten, von ihren Maximalpositionen der „Vereinigung“ mit Griechenland (*Enosis*) bzw. der Teilung der Insel *(Taksim)* abrückten. Die ersten schweren Auseinandersetzungen zwischen den Volksgruppen erfolgten 1963, als der zypern-griechische Staatspräsident, Erzbischof Makarios, nach anhaltenden Zwistigkeiten mit seinem zypern-türkischen Vertreter über die Verfassung, die das schwierige Verhältnis zwischen der griechischen Mehrheit (ca. 80 %) und der türkischen Minderheit (ca. 18 %) auf der Basis weitreichender Rechte der Türken regelte, diese aufhob. 1964 drohte die Türkei, sich zum Schutz der militärisch unter Druck geratenen türkischen Minderheit einzumischen. In dieser für alle Türken hochgradig emotionalen Situation erhielt Ankara aus Washington eine Warnung: Mit Datum vom 5.6. 1964 teilte der amerikanische Präsident Johnson Ministerpräsident Inönü mit, daß die Türkei nicht selbstverständlich mit dem Schutz der Nato rechnen könne, falls ihre Intervention auf Zypern zu einem Konflikt mit der Sowjetunion führen würde. Dies rührte an die Grundphilosophie der internationalen Beziehungen der Türkei, mußte es den Türken doch vor Augen führen, wie wenig die nahezu bedingungslose Gefolgschaft hinter den USA den „nationalen Interessen" des Landes noch entsprach. Im Verhältnis zu Griechenland aber bedeutete Zypern eine anhaltend schwere Belastung der Beziehungen.

Vor der Zerrüttung ihres Verhältnisses freilich sollte sich für die Türkei und Griechenland noch einmal ein Punkt gemeinsamer Orientierung ergeben, auf den sich beide im Gleichschritt zubewegten: die Mitgliedschaft in der Europäischen Gemeinschaft (EG), damals noch Europäischen Wirtschaftsgemeinschaft (EWG). Nachdem am 30.3.1961 ein Assoziierungsabkommen mit Griechenland abgeschlossen wurde – es trat zum 1.11.1962 in Kraft –, kam es am 12.9.1963 zur Unterzeichnung des Abkommens in Ankara, das schließlich am 1.12.1964 wirksam wurde. Nach einer „Vorbereitungsphase" sollte am Ende einer sich anschließenden 22jährigen „Übergangsphase" in der „Endstufe" die Zollunion verwirklicht sein. Damit aber waren die Weichen für eine Vollmitgliedschaft der Türkei in der EG gestellt.

Zwar hat trotz der in den 60er und 70er Jahren um die NATO-Mitgliedschaft geführten Diskussion, die durch die Zypernkrise angestoßen wurde, die Türkei ihre Mitgliedschaft im Bündnis nie einschneidend modifiziert oder – nach dem damals auch in der Türkei viel diskutierten Vorbild Frankreichs – die militärische Zusammenarbeit aufgekündigt. Alle Veränderungen und Belastungen der türkisch-amerikanischen Kooperation haben nicht die Integration der Türkei berührt.

Ein Tauwetter im türkisch-sowjetischen Verhältnis setzte ein, dessen erstes sichtbares Resultat ein Wirtschaftsabkommen über ca. 200 Millionen Dollar war, das die Durchführung einer Reihe von Großprojekten mit sowjetischer Ausstattung vorsah. Der Besuch des türkischen Ministerpräsidenten Süleyman Demirel in Moskau im September 1967 markierte schließlich deutlich einen Neubeginn in den türkisch-sowjetischen Beziehungen. Diese festigten sich – wenn auch nicht frei von Rückschlägen – in den kommenden Jahren.

Der Schock der Zypernkrise 1963/64 verschob nicht nur die internationale Ausrichtung der türkischen Politik, sondern ließ Ankara auch den Blick wieder auf sein regionales Umfeld richten. So versuchte die Türkei nach 1965, die Beziehungen mit den wichtigsten arabischen Staaten zu verbessern. Ihre Aufwertung war die Voraussetzung dafür, den Handlungsspielraum türkischer Politik zu erweitern und jene „nationalen Interessen“ besser wahrnehmen zu können, über die sich die westlichen Mächte, insbesondere die USA, in der Zypernkrise so eklatant hinweggesetzt hatten. Ein signifikantes Indiz für eine Politikänderung, für die es neben politischen auch wirtschaftliche Gründe gab, war die Tatsache, daß Ankara zunehmend die arabische Position im Nahostkonflikt zu unterstützen begann. Die türkische Regierung machte sich die arabische Forderung nach dem Rückzug der Israelis aus allen Gebieten, die sie 1967 besetzt hatten, und nach der Anerkennung der „legitimen Rechte der Palästinenser“ zu eigen. Insgesamt freilich sind die Bäume in den türkisch-arabischen Beziehungen damals nicht in den Himmel gewachsen. Politisch konnten die türkischen Avancen die tiefsitzenden Aversionen im türkisch-arabischen Verhältnis nicht überwinden. Noch immer wirken bei den Arabern die Ressentiments des Unterworfenen gegen den Herrschenden und bei den Türken die Überheblichkeit des Herrschenden gegenüber dem Unterworfenen fort. Und die gläubigen Muslime verzeihen der Türkei nach wie vor nicht den Schlag, den Atatürk dem Islam 1924 durch die Abschaffung des Kalifats zugefügt hatte.

Das Verhältnis zu *Griechenland* war nicht nur durch die fortbestehende Zypernkrise, sondern auch durch mehrere andere strittige Punkte anhaltend belastet. Zum einen das Ägäis-Problem mit ständigen Querelen über die Frage der Hoheitsgewässer, des Festlandschelfs, der Lufthoheit und der Remilitarisierung griechischer, Kleinasien vorgelagerter Inseln. Der Tiefpunkt aber wurde wieder durch Zypern markiert: Nach mehr als einem Jahrzehnt griechisch-türkischer Spannungen besetzten türkische Truppen im Sommer 1974 den Norden der Insel. Die Ursache der Krise, die die beiden Länder erneut an den Rand des Krieges brachte, liegt unbestritten in dem von der griechischen Militärjunta unter Diktator Papadopoulos in Athen gesteuerten Putsch der griechisch-zyprischen Nationalgarde gegen Erzbischof Makarios. Dahinter stand noch immer das Ziel der Vereinigung mit dem „Mutterland". Ankara mußte alarmiert sein, schien es doch einmal mehr zu einem Ausbruch des Konflikts zwischen den beiden Volksgruppen zu kommen. Jedenfalls sah sich die Türkei in ihrer Eigenschaft als Garantiemacht der Verträge, auf denen die Unabhängigkeit und Verfassung Zyperns beruhten, herausgefordert, zum Schutz der türkischen Volksgruppe zu intervenieren. Am 20.7. landeten türkische Truppen auf der Insel. Vom 14.–16.8. rückten sie weiter bis zur seither so genannten „Attila-Linie" vor und brachten somit rund 40% der Insel mit etwa 60% der Industrie, 65% der Landwirtschaft und 80% des Tourismus unter türkische Kontrolle. Vor allem aber führte die Flucht von rund 120000 Griechen und 40000 Türken zur gewaltsamen Entflechtung eines großen Teils der ethnischen Gemengelage auf der Insel.

Die Entwicklungen auf Zypern seit der türkischen Invasion haben Fakten geschaffen, deren normative Kraft eine Rückkehr zum Status quo ante für die Türken unakzeptabel und unmöglich macht. Im Februar 1975 rief der Führer der türkischen Zyprioten, Rauf Denktaş, den Türkischen Föderativen Staat auf der Insel aus, proklamierte also die Autonomie des türkisch besetzten Nordens und besiegelte damit die türkische Auffassung, daß es auf der Insel kein einheitliches Staatsvolk gibt. Drei Probleme haben sich mit Blick auf eine Lösung der Zypernfrage herauskristallisiert: die Größe des von der türkischen Volksgruppe zu beanspruchenden Territoriums; die Frage der Rückkehr der Flüchtlinge; und die künftige Verfaßtheit des neu zu schaffenden gesamtzyprischen Staates. Die türkische Seite strebt eine Bundesverfassung für einen „unabhängigen, souveränen, blockfreien, bikommunalen und bizonalen Bundesstaat" an. Die Vorstellungen zielen auf einen bizonalen Staat mit einem den beiden gleichberechtigten föderativen Gebieten übergeordneten Bundesparlament und einer Zentralregierung mit freilich wenigen Kompetenzen. Die griechische Seite favorisiert eine Lösung, die so nah wie möglich am Ideal der Wiedervereinigung liegt: eine föderative Staatsordnung mit möglichst umfassenden Kompetenzen der Zentralregierung. Ihre Politik basiert auf vier Prinzipien: dem Abzug der türkischen Truppen sowie der aus der Türkei eingewanderten Siedler; der Verwirklichung der „drei Grundfreiheiten" (Recht auf Freizügigkeit, auf Eigentumserwerb und auf Niederlassung) sowie des Rechts auf Rückkehr der Flüchtlinge; einer bundesstaatlichen Lösung unter griechisch-zyprischer Hoheit; und territorialen Konzessionen durch die türkischen Zyprioten.

Die dritte Intervention des Militärs im September 1980 bedeutete keinen tieferen Einschnitt für die türkische Außenpolitik. Die Beziehungen des Landes zur Nato und den USA begannen sich wieder zu festigen. Das Verhältnis zum regionalen Umfeld der Türkei wurde von der Militärherrschaft ebenfalls nicht wesentlich berührt. Bemerkenswert freilich war die weitere Verschlechterung des ohnehin seit spätestens

1964 schlechten und seit 1974 heillosen Verhältnisses zu Griechenland. Hätte die Türkei auch weiterhin mit dieser feindseligen Haltung leben können, so war doch mittlerweile eine Veränderung eingetreten, die der griechischen Haltung gegenüber der Türkei größeres internationales Gewicht gab: Am 1.1.1981 war Griechenland Vollmitglied der EG geworden. Nun hatte Athen einen der Schlüssel zu den Toren der EG, die Ankara auf dem Wege dahin würde passieren müssen, in der Hand. Es hat dieses Instrument zu nutzen gewußt. Die Zypernfrage sollte schließlich eine neue Dimension bekommen, als der nordzyprische „Präsident", Rauf Denktaş, am 15.11.1983 die unabhängige *Türkische Republik Nordzypern* ausrief.

Auch nach der Rückkehr zur Demokratie im Herbst 1983 stand die türkische Außenpolitik eher im Zeichen von Kontinuität. Die wichtigste Achse der Außenpolitik blieben die Beziehungen zu Washington. Sie erhielten neue Anstöße durch den Überfall des irakischen Diktators Saddam Husain auf Kuwait am 2.8.1990. Beim Aufruf von Präsident George Bush zu einer Allianz zur Befreiung Kuwaits zögerte Turgut Özal nur einen kurzen Augenblick. Trotz der damit verbundenen – insbesondere wirtschaftlichen – Nachteile und politischen wie militärischen Risiken entschied er sich, dem Ruf Bushs vorbehaltlos zu folgen. Die aus dem Irak durch die Türkei ans Mittelmeer führende Ölpipeline wurde geschlossen; das Embargo wurde – von offizieller Seite wenigstens – strikt eingehalten. Als der Krieg am 17.1.1991 ausbrach, konnten amerikanische Flugzeuge von Militärflugplätzen in der Südosttürkei aus Einsätze fliegen. Für Özal war dies nicht nur ein Beweis seiner Gefolgschaft gegenüber den bewunderten USA. Er sah darin vielmehr ein außenpolitisches Signal, das den Anspruch auf eine „neue Rolle" der Türkei, die sich nach den weltpolitischen Veränderungen der Jahre 1990/91 ergeben würde, unterstreichen sollte. Am Golf reklamierte Özal nunmehr eine Rolle der Türkei als „regionale Macht". Im Übergang zu einer „neuen Weltordnung" wurden somit zugleich Weichenstellungen der türkischen Außenpolitik vorgenommen.

Präsident Özals bemerkenswertester Versuch, der türkischen Außenpolitik neue Horizonte zu eröffnen, waren seine Bemühungen um einen Beitritt der Türkei zur EG. In die Beziehungen war 1985 wieder Belebung gekommen, nachdem sie mit dem Coup der Generäle 1980 auf Eis gelegt worden waren. Sich wieder an den Verhandlungstisch zu setzen war – aus türkischer Sicht – nicht zuletzt deshalb notwendig geworden, da türkische Arbeitnehmer nach Auffassung Ankaras vom 1.12.1986 an das Recht haben sollten, sich freizügig zwischen der Türkei und den Mitgliedsländern der EG zu bewegen. Dies jedenfalls war die Lesart, die die türkische Regierung entsprechenden Abmachungen gab, die im Zusatzprotokoll von Ankara aus dem Jahre 1970 standen. Seit diesen Formulierungen aber hatten sich bei einigen Mitgliedsländern erhebliche Änderungen ihrer Einstellung ergeben. Angesichts der wirtschaftlichen und sozialen Krisen im Rahmen der EG wurden einwandernde Gastarbeiterströme aus der Türkei geradezu zu einem Horrorszenario. Als Ankara in dieser Frage nicht weiterkam und weitere Bemühungen der Türkei um die Fortentwicklung des Assoziierungsverhältnisses nicht zuletzt am ständigen Veto Griechenlands scheiterten, reichte die türkische Regierung am 14.4.1987 offiziell einen Antrag auf Vollmitgliedschaft ein.

Die Reaktionen in den Mitgliedstaaten der Gemeinschaft waren zurückhaltend. Am 18.12.1989 veröffentlichte die Kommission der EG in Brüssel ihre Reaktion auf den türkischen Antrag. Zwar wird darin die „grundsätzliche Beitrittsfähigkeit" der Türkei nicht in Frage gestellt. Jenseits davon aber ließ die Brüsseler Behörde keinen Zweifel daran, daß die Türkei weder politisch noch wirtschaftlich für eine Mitgliedschaft in der EG reif sei. Neben einer detaillierten Kritik an der wirtschaftlichen Entwicklung des Landes wurde auch mit politischer Kritik nicht hinter dem Berg gehalten. Die Politik der Regierung in Ankara müsse sich stärker den Menschenrechten öffnen. Außerdem seien beim Schutz der Minderheiten, insbesondere der Kurden, noch Wünsche offen; und schließlich fördere der Streit zwischen Türken und Griechen den Wunsch der türkischen Regierung nicht, als 13. Mitglied der EG beizutreten; auf die offene Zypernfrage wurde ausdrücklich verwiesen.

So war der Versuch, den Gordischen Knoten in Sachen Europa zu durchschlagen, gescheitert. Zugleich aber begann man auf beiden Seiten, die vertraglichen Beziehungen mit neuem Leben zu füllen. Die Verwirklichung der im Assoziierungsabkommen vorgesehenen Zollunion bot sich hierfür als zwar nicht leichter, aber gangbarer Schritt an. Bei einem Treffen des Assoziationsrates auf Ministerebene im November 1992 wurde grundsätzliches Einverständnis über diesen Schritt erzielt, und ein Jahr später, im November 1993, verabschiedete der Rat ein umfangreiches Arbeitsprogramm. Ein gewaltiger Kraftakt – gerade auf türkischer Seite – machte es möglich, daß der Assoziationsrat EU-Türkei am 6.3.1995 die Zollunion beschließen konnte. Im Dezember ratifizierte das Europäische Parlament diese Entscheidung – trotz großer Bedenken und unter der Auflage, schrittweise die Demokratie zu vertiefen. Damit konnte die Assoziierung am 1.1.1996 in die Endphase eintreten.

Die „neue Rolle" der Türkei

Am 10.12.1999 haben die Staats- und Regierungschefs der Mitgliedstaaten der EU in Helsinki der Türkei den Status eines Kandidaten für die Vollmitgliedschaft eingeräumt. Tatsächlich beginnt man vor allem unter den europäischen Partnern der Türkei nur langsam, sich darüber klar zu werden, welch tiefgreifender Wandel sich mit dem Land vollzieht. Nur wenige Länder sind von dem weltpolitischen Umbruch der beginnenden neunziger Jahre so nachhaltig betroffen wie die Türkei. Ankara sucht einen neuen Platz in der Region wie in der internationalen Politik insgesamt einzunehmen.

Nahezu umgehend reagierte die türkische Außenpolitik auf die weltpolitischen Veränderungen 1989/90: den Fall der Berliner Mauer, den Prozeß der deutschen Wiedervereinigung und die sich beschleunigende Desintegration der Sowjetunion,

d. h. auf das definitive Ende des Kalten Krieges. Als mit der Besetzung Kuwaits durch irakische Truppen am 2. 8. 1990 ein neuer internationaler Konflikt am Golf ausbrach, schlug sich der türkische Präsident entschlossen auf die Seite der Alliierten. Was Turgut Özal bewegte, war keineswegs nur die Verbundenheit des türkischen Präsidenten mit den USA; vielmehr ließ Ankara dahinter den Anspruch erkennen, eine „regionale Rolle“ zu spielen. So wird man im Rückblick 1990 als einen neuerlichen Wendepunkt in der Geschichte der Außenpolitik der Türkei erkennen können.

Die Entwicklungen seit 1990 haben zu einer grundlegend veränderten Situation geführt. Die Auflösung der Sowjetunion und das Ende der globalen Konfrontation haben der Türkei ein Umfeld von äußerster Komplexität zuwachsen lassen. Damit ist das Land außenpolitisch herausgefordert. Ankara kann sich weder auf die *splendid isolation* („vollständige Ungebundenheit“) des Staatsgründers zurückziehen, noch bieten internationale Bündnis- und Sicherheitsstrukturen einen Rahmen, innerhalb dessen die außen-, wirtschafts- und sicherheitspolitischen Belange und Interessen des Landes hinreichend wahrgenommen werden können. Die Türkei ist zunehmend ein regionaler Akteur geworden, der diese Interessen eigenständig zu vertreten hat.

Auf den *Zerfall Jugoslawiens* reagierte Ankara zurückhaltend. Erst als die Unausweichlichkeit des Auflösungsprozesses mit der Unabhängigkeitserklärung Sloweniens und Kroatiens einerseits (September 1991) und der serbischen Aggression andererseits deutlich wurde, entschied sich die türkische Regierung für die Anerkennung aller neuen Staaten. Die türkische Politik in den Konflikten im Zerfallsprozeß Jugoslawiens seit 1991 war Ausdruck zweier grundlegender Besorgnisse: So galt es einmal zu verhindern, daß der Krieg in Bosnien-Herzegowina zu einer Vertiefung der Kluft zwischen dem Westen und der islamischen Welt führen würde; eine solche Entwicklung hätte die Lage der Türkei in den internationalen Beziehungen kompliziert. Zum anderen galt es, einer Ausweitung des Konflikts auf andere Teile des ehemaligen Jugoslawien, wo bedeutende türkische Minderheiten (und erhebliche muslimische Bevölkerungsteile) leben, entgegenzuwirken. So war Ankara vor allem darum bemüht, die religiösen und ethnischen Aspekte des Konflikts herunterzuspielen. Aus türkischer Sicht handelte es sich um eine Aggression der Serben gegen die international anerkannten Staaten Kroatien und Bosnien-Herzegowina, Mitglieder der UNO und anderer internationaler Organisationen. Ein Sieg der Serben würde zu weiterer Polarisierung ethnischer und religiöser Gegensätze und somit zu anhaltender Instabilität geführt haben. So machte die Türkei seit Beginn der Bosnien-Krise geltend, daß es in der Verantwortung der internationalen Gemeinschaft liege, den Prozeß ethnischer Säuberung aufzuhalten. Ankara erklärte seine Bereitschaft zu diesbezüglichen Maßnahmen unter Einschluß der Anwendung von Gewalt unter der Regie der UNO oder regionaler Organisationen wie der Nato oder OSZE. Die Türkei erkannte Bosnien-Herzegowina am 6.3.1992 an.

Die Entwicklungen auf dem Balkan hatten anhaltende Rückwirkungen auf das ohnehin prekäre Verhältnis zu Griechenland. Setzten beide Länder in ihrer Haltung zum Konflikt in Bosnien-Herzegowina schon unterschiedliche Akzente, so kam es über Mazedonien zu offenen Differenzen. Während Ankara die frühere jugoslawische Teilrepublik unmittelbar nach ihrer Unabhängigkeitserklärung (November 1991) diplomatisch anerkannte, forderte Athen eine Änderung des Namens des jungen Staates, da es wegen der gleichnamigen nordgriechischen Provinz Gebietsansprüche Skopjes auf das griechische Mazedonien befürchtete. 1994 verhängte Griechenland ein Embargo gegen Mazedonien; die Türkei bekräftigte 1995 ihre guten Beziehungen mit einem türkisch-mazedonischen Freundschaftsvertrag. Auch in der Kosovo-Krise nahmen beide Länder unterschiedliche Positionen ein. In Athen stieß der militärische Einsatz nicht zuletzt aus historischer Verbundenheit mit den Serben auf weit verbreitete Kritik innerhalb der politischen Klasse, den Medien und vor allem der Öffentlichkeit. Demgegenüber beteiligte sich die Türkei mit

Engagement an der Aktion. Sie stellte eigene Flugzeuge und Luftstützpunkte zur Verfügung.

Auch unabhängig von der Problematik des ehemaligen Jugoslawien blieben die griechisch-türkischen Beziehungen gespannt; wiederholt war in beiden Hauptstädten eine kriegerische Rhetorik zu vernehmen. Die mögliche Ausweitung der Hoheitsgewässer der griechischen Inseln in der Ägäis von sechs auf zwölf Meilen, die von der Regierung in Athen zeitweise angekündigt wurde, provozierte in Ankara militante Reaktionen. Im Juli 1994 nannte Ministerpräsidentin Çiller einen solchen Schritt einen „Kriegsgrund". Bezeichnend für die gespannte Stimmung war der Streit um die griechische Insel Imia (von den Türken Kardak genannt), der Ende Januar 1996 beide Seiten an den Rand einer kriegerischen Auseinandersetzung brachte. Während Ankara die Fälle von aus türkischer Sicht umstrittenen Inseln politisch verhandeln wollte, verwies Athen auf seine Bereitschaft, die Angelegenheit vor den Internationalen Gerichtshof in Den Haag zu bringen.

Wie sehr beide Seiten seit dem Zerfall der Sowjetunion dazu neigten, „nationale Interessen" offen auszutragen, zeigte sich einmal mehr auf Zypern. Nachdem das Problem jahrelang von der Agenda internationaler Akteure verschwunden zu sein schien, wurde es durch die Entscheidung der zyperngriechischen Regierung, das russische Luftabwehrsystem S 300 zu stationieren, wieder akut. Die Stimmung wurde um so gereizter, als Ankara die 1995 von der EU getroffene Entscheidung, im Gegenzug zu dem griechischen Einverständnis zu einer Zollunion mit der Türkei Beitrittsverhandlungen mit der Insel aufzunehmen, nicht akzeptierte. Die Türkei, die – wie oben angedeutet – die Rechtmäßigkeit der „zyprischen" Regierung grundsätzlich bestreitet und eine Anerkennung des zypern-türkischen Staates im Norden der Insel wünscht, sieht darin eine Verletzung der 1959 geschlossenen Verträge, die die Unabhängigkeit Zyperns konstituierten. Erst die nahezu sensationelle Wende im Verhältnis zwischen den beiden Ländern, die sich im Zusammenhang mit der griechischen Hilfe anläßlich des Erdbebens in der Türkei im August 1999 noch beschleunigte, hat neue Perspektiven für die Entwicklung der Beziehungen zwischen beiden Ländern eröffnet. Nachdem ein Kompromiß in der Frage der S 300 gefunden wurde, ließ Athen auch seine Bedenken fallen, der Türkei den Kandidatenstatus bei der EU einzuräumen.

Wie auf dem Balkan, so ist auch im *Kaukasus* und in *Zentralasien* nach dem Ende der Sowjetunion eine Nachbarregion entstanden, mit der sich ein Netz politischer, wirtschaftlicher und kultureller Beziehungen entwickelt hat. Die Öffnung dieser Region, die naturgemäß vor dem Nato-Mitglied jahrzehntelang hermetisch abgeriegelt war, setzte in der Türkei von Anfang an beträchtliche Emotionen und weitreichende Planungen politischer und wirtschaftlicher Umgestaltung frei, in der sich das Land einen entscheidenden Stellenwert beimaß. Die übergroßen Erwartungen spiegeln das Diktum Präsident Özals wider (auch von seinem Nachfolger Süleyman Demirel wiederholt), daß sich die Türkei nicht mehr als „ein Land zwischen dem Bosporus und Iğdir (Provinz an der iranischen Grenze), sondern zwischen der Adriatischen See und der Chinesischen Mauer“ verstehe. Wenngleich dies nicht als ein pantürkistisches Konzept interpretiert werden sollte, so kam doch darin das Selbstbewußtsein einer Türkei zum Ausdruck, der im Verbund mit den turksprachigen Republiken Zentralasiens eine „neue Rolle“ zuwachsen würde.

In der Wirklichkeit sind die Bäume nicht in den Himmel gewachsen. Sehr rasch erwies sich, daß der Türkei angesichts des tiefen wirtschaftlichen Einbruchs Zentralasiens die Kapazitäten fehlten, bedeutende Entwicklungsimpulse zu geben. Auch die im Juni 1992 ins Leben gerufene Schwarzmeer-Wirtschaftsregion, der außer allen Schwarzmeeranrainern auch Armenien, Aserbaidschan, Moldawien, Griechenland und Albanien angehören, hat die anfangs in sie gesetzten Erwartungen nicht erfüllt.

Ebenfalls im politischen Bereich überstieg die anfängliche Euphorie das Machbare. Das gilt zum einen mit Blick auf das Zusammenrücken der Turkvölker. Auf dem ersten Turk-Gipfel in Ankara 1992 wurden in der „Erklärung von Ankara“ in allgemein gehaltener Form Gemeinsamkeiten beschworen, die die bilaterale und multilaterale Zusammenarbeit auf dem Gebiet der Infrastruktur, die Verpflichtung auf die Prinzipien der Demokratie und der Achtung der Menschenrechte, den Säkularismus und die Marktwirtschaft sowie die Zusammenarbeit im kulturellen, insbesondere im sprachlichen Bereich, betrafen. Konkrete Absprachen über einen Zielkatalog der Ausgestaltung der Beziehungen, wie er von türkischer Seite vorbereitet worden war, der die Liberalisierung des Handels, einen Zollabbau und den Bau von Erdgas- und Erdölpipelines hätte beinhalten sollen, wurden nicht getroffen. Ersichtlich nahmen die Staatschefs nicht zuletzt auf die Interessen Rußlands in der Region Rücksicht.

Die „neue Rolle“ der Türkei war nicht zuletzt auch von Washington aus vorgezeichnet worden. Zum einen sollte über die Türkei der – unterstellte – Einfluß der Islamischen Republik Iran in Zentralasien eingedämmt werden. Zugleich sollte die Türkei dazu beitragen, das nach dem Zusammenbruch der Sowjetunion zunächst spürbar werdende politische Vakuum in Zentralasien zu füllen. *Last, but not least* wurde die Türkei zum Partner amerikanischer Bemühungen, einen dominanten Part bei der Ausbeutung vornehmlich der Erdöl- und Erdgasreserven in der Region (vor allem in Aserbaidschan und Kasachstan) zu übernehmen.

Spätestens seit 1993 hat Ankara in Zentralasien erheblichen politischen Gegenwind aus Moskau zu spüren bekommen. Tatsächlich ist das russisch-türkische Verhältnis von politischer, sicherheitspolitischer und wirtschaftspolitischer Rivalität gekennzeichnet. Ihr Schauplatz sind der Kaukasus und Zentralasien. Der Ehrgeiz der Türkei, in diesen Regionen eine deutliche Präsenz zu zeigen und eine mitbestimmende Rolle zu spielen, stößt in Moskau auf tiefsitzende Ressentiments und kollidiert zugleich mit handfesten Interessen.

Ankara muß daran gelegen sein, den russischen Einfluß an seiner Nordgrenze zurückzudrängen. Das gilt militärisch und sicherheitspolitisch mit Bezug auf die russischen Truppen, die an der armenisch-türkischen Grenze stationiert sind. Und dies gilt verstärkt für die Wahrnehmung politischer und wirtschaftlicher Interessen in dem ölreichen Aserbaidschan. Georgien erscheint immer mehr als Schauplatz dieses Ringens in den Vordergrund zu treten: Während sich die Beziehungen zwischen Ankara und Tiflis zunehmend intensivieren, nutzt Moskau noch immer den Hebel der Minderheitenprobleme in dem Land, um seine Position aufrechtzuerhalten.

Das wirtschaftliche Interesse der Türkei an Zentralasien (und dem Kaukasusland Aserbaidschan) liegt – neben einem ausgedehnten Handel – vor allem an der Teilhabe an den Gewinnen, die sich aus dem Transport von Erdöl und Erdgas aus den zentralasiatischen Ländern (und Aserbaidschan) an potentielle Terminals, von denen aus die Rohstoffe zu den Verbrauchern gebracht werden können, ergeben. Als am 3.9.2002 in Baku der Grundstein für eine entsprechende Pipelinetrasse gelegt wurde, bedeutete dies eine erhebliche Festigung der Position der Türkei mit Blick auf den Kaukasus und Zentralasien.

Ebenso wie der Kaukasus und Zentralasien sowie der Balkan stellt auch die dritte, an die Türkei angrenzende Region, der *Nahe und Mittlere Osten*, eine schwierige und herausfordernde Nachbarschaft dar, in der sich regionale und internationale Elemente mischen. Die Beziehungen mit Syrien sind seit langem nachhaltig gestört. Wenngleich die Wurzeln tief in die Geschichte zurückreichen, so sind die akuten Hintergründe für die anhaltend schlechten Beziehungen vornehmlich in der jahrelangen Unterstützung der *Arbeiterpartei Kurdistans (PKK)* durch die Führung in Damaskus sowie in der Befürchtung Syriens zu suchen, die Türkei könne mit dem Ausbau des Südostanatolien-Projekts, eines umfangreichen Bewässerungs- und Energieerzeugungsvorhabens, die Hand an die Gewässer von Euphrat und Tigris legen. Für Damaskus wurde die PKK in dem Maße ein wirksames Instrument gegen Ankara, in dem beide Seiten nicht zu einer Verständigung über die Wasserfrage kommen konnten. Wieviel Kubikmeter Wasser würde der Euphrat nach Vollendung des Südostanatolienprojekts von der Türkei nach Syrien hinüberfließen lassen? Die von Ankara ins Gespräch gebrachten 500 m^3/s erachtet Damaskus als nicht ausreichend. Vor dem Hintergrund des türkischen Anspruchs, die Verfügung über das Wasser in gleicher Weise als türkisches Recht zu betrachten, wie es die arabischen Ölproduzenten mit dem Erdöl tun, befürchtet man in Damaskus, Ankara könne versucht sein, das Wasser vollständig gemäß türkischen Interessen zu verbrauchen.

Die Befürchtungen hinsichtlich des Wassers werden auch von Bagdad geteilt. Doch ist das türkisch-irakische Verhältnis komplexer als das türkisch-syrische. Zwar ist es für den Augenblick eher durch gemeinsame Interessen geprägt. So hat Ankara ein erhebliches Interesse an einer Normalisierung der Gesamtsituation des Irak; sie würde die Wiederaufnahme des vollen Ölexports durch die türkischen Pipelines und damit eine Verbesserung der Wirtschaftssituation in der armen südöstlichen (kurdisch geprägten) Region des Landes bedeuten. Auch muß Ankara daran gelegen sein, daß Bagdad wieder die Kontrolle über den kurdischen Norden des Landes zurückgewinnt. An einem fortschreitenden Zerfall des Irak kann der Türkei mit Blick auf das Kurdenproblem im eigenen Land nicht gelegen sein. Auf der anderen Seite aber hat die kurdische Frage zur Belastung der Beziehungen geführt. Darüber hinaus belastet die Wasserfrage zunehmend die türkisch-irakischen Beziehungen. Denn nicht nur die Knappheit des Euphrat-Wassers hat Folgen für den Irak; das Zweistromland lebt auch von den Wassern des Tigris, der ebenfalls Teil des Südostanatolien-Projekts ist.

Die Beziehungen zwischen der Türkei und Iran, durch Geschichte und Religion belastet, waren seit der Revolution (1979) ambivalent. Führte die ideologische Gegensätzlichkeit immer wieder zu Spannungen, ja Konflikten, so waren sie insbesondere auf der wirtschaftlichen Ebene von Pragmatismus gekennzeichnet. Der bilaterale Handel, umfangreiche Verträge im Energiebereich sowie Ansätze multilateraler Zusammenarbeit im Rahmen der *Economic Cooperation Organization (ECO)* haben an der Oberfläche die Normalität der Beziehungen signalisiert. Auf der anderen Seite ist die ideologische Dimension der iranischen Außenpolitik, die auch sonst vielfältig erkennbar ist und mannigfache Erscheinungsformen – bis zur jahrelangen Unterstützung von Terror – angenommen hat, auch in den Beziehungen zur Türkei unübersehbar. Immer wieder hat Ankara Teheran die Unterstützung extremistischer religiöser Elemente in der Türkei, die Verfolgung geflohener Dissidenten und die Beteiligung des iranischen Regimes an der Ermordung türkischer Persönlichkeiten, die für ihre laizistische Einstellung bekannt waren, vorgeworfen.

Vor dem Hintergrund eines ambivalenten bis instabilen Umfeldes der Türkei im Mittleren Osten und auf der Suche nach einem regionalen Sicherheitssystem – wenn nicht als Alternative, aber doch als Ergänzung zu sich möglicherweise verändernden Bindungen an den Westen – ist Israel als Sicherheitspartner seit 1996 in nahezu spektakulärer Weise in den Vordergrund der türkischen Regionalpolitik getreten. Ausgehend von umfangreichen Rüstungsaufträgen der Türkei an Israel und der Einräumung von Übungsflügen der israelischen Luftwaffe über der Türkei hat sich seither eine enge Zusammenarbeit auf vielen Gebieten ergeben, in deren Kontext Anfang 1998 ein erstes gemeinsames Marinemanöver (unter Beteiligung der US-Marine) durchgeführt wurde. Diese Entwicklung hat Befremden und Animositäten zwischen der Türkei und einer Reihe arabischer Staaten weiter vertieft. Daß die beiden größten Militärmächte der Region zusammengehen, wird angesichts ihrer ungelösten Probleme mit den arabischen Nachbarn als Bedrohung empfunden.

Bis zum Ende des Ost-West-Konflikts, das durch den Zerfall der Sowjetunion markiert war, hatte die internationale Konstellation den Handlungsspielraum der Türkei innerhalb ihres regionalen Umfeldes wesentlich bestimmt. Dies hat sich seit Beginn der neunziger Jahre verändert: Das Land spielt seinen neu gewonnenen regionalen Stellenwert aus, um seinen Platz in der internationalen Politik zu bestimmen. Trotz vielfältiger Irritationen im Verhältnis zur EU hat eine Mehrheit innerhalb der politischen Elite daran festgehalten, den Weg nach Europa mit Blick auf eine Vollmitgliedschaft fortzusetzen. Deshalb war die Enttäuschung in Ankara über den am 12./13. Dezember 1997 in Luxemburg gefaßten Beschluß der Staats- und Regierungschefs groß, der Türkei, vor allem wegen der unzulänglichen Situation mit Bezug auf die Geltung der Menschenrechte, einen gleichen Status als Kandidat auf eine Vollmitgliedschaft, wie er für zwölf andere potentielle Mitgliedstaaten gilt, vorzuenthalten. Die Äußerungen des Unmuts blieben nicht ohne Wirkung. Hinzu kam die von allen Seiten als konstruktiv, loyal und wirkungsvoll akzeptierte Rolle der Türkei in allen Phasen des Konflikts um den Kosovo im Frühjahr 1999. Dies hat die Einsicht reifen lassen, daß die Bereitschaft der türkischen politischen Klasse, ihre Probleme nach europäischen Standards zu lösen, größer sein würde, wenn ihr eine unzweideutige Perspektive auf eine eventuelle Vollmitgliedschaft eingeräumt würde. Vor diesem Hintergrund und angesichts der bei allen Trübungen im politischen, vor allem aber auch wirtschaftlichen Bereich noch immer starken türkisch-deutschen Beziehungen ergriff die Bundesregierung die Initiative, um die Beschlüsse von Luxemburg zu revidieren. Dies ist auf dem europäischen Gipfel in Helsinki geschehen. Bemerkenswert war dabei auch, daß Griechenland, das jahrelang eine Annäherung der Türkei an die EU zu blockieren suchte, seine Bedenken fallen ließ und gleichfalls dem Beschluß zustimmte, der Türkei den Status eines Beitrittskandidaten einzuräumen.

Im Ringen um diese Entscheidung der EU ist immer wieder auch die starke Allianz der Türkei mit den USA hervorgetreten. Ohne Zweifel ist Ankara für Washington heute ein strategischer Partner mit Blick auf die amerikanischen Interessen in der Golfregion und Zentralasien. Daß dies Europa nicht hinreichend erkenne, war der Vorwurf der USA nach dem Beschluß von Luxemburg gewesen. Und der Druck aus Washington, diesen zu ändern und den strategischen Partner Türkei durch eine Perspektive auf Vollmitgliedschaft sowohl zu stabilisieren als auch so eng wie möglich an den Westen zu binden, war ein weiteres Element des Stimmungsumschwungs, der schließlich zu den Beschlüssen von Helsinki führte. Die türkisch-amerikanische strategische Partnerschaft (die Israel mit einbezieht) hat in dem gemeinsamen Interesse an den Exportrouten zentralasiatischen Erdöls und Erdgases eine feste Grundlage. Ein Ost-West-Transportkorridor durch die Türkei ist für Washington eine unverzichtbare Trumpfkarte im „großen Spiel“ um zentralasiatisches Öl und Gas.

Die Veränderung der außenpolitischen Parameter der Türkei hat eine intensive Debatte über die Grundzüge der Außen- und Sicherheitspolitik des Landes nach sich gezogen. „Geopolitik“ ist dabei zu einem zentralen Begriff der Standortbestimmung geworden. Neben der Verortung des Landes in der „Randlage zu Europa“ bei gleichzeitiger Lage im „Zentrum des eurasischen Kontinents“ ist die Rolle der Türkei in der Nato sowie im Rahmen einer künftigen Sicherheitsarchitektur Europas ein zentrales Thema. Erstere hat für die Türkei nach wie vor einen zentralen Stellenwert für die türkische Sicherheit. Hier tritt die Türkei als Gleicher unter Gleichen auf. Und die strategischen Gemeinsamkeiten mit den USA verleihen der Türkei ihr Gewicht gegenüber der EU einerseits und Rußland andererseits. Wie Washington steht Ankara auch den Überlegungen zur Schaffung einer europäischen Verteidigungsstruktur kritisch distanziert gegenüber. Nach langwierigen Verhandlungen zeichnete sich Ende 2002 in dieser Frage ein Kompromiß ab: Danach soll Ankara in den Entscheidungsprozeß einbezogen werden, wenn sich der vorgesehene Einsatz in geographischen Räumen vollzieht, die der Türkei benachbart sind oder in denen die Türkei wesentliche politische Interessen hat.

Im Frühjahr 2003 sind Ambivalenzen in der Außenpolitik der Türkei unübersehbar. So ist das Verhältnis zu Rußland sowohl durch politische Konkurrenz, insbesondere im Kaukasus, als auch durch eine zunehmend enge wirtschaftliche Zusammenarbeit – nicht zuletzt im Bereich der Energieversorgung der Türkei mit russischem Erdgas – gekennzeichnet. Energiepolitische Zusammenarbeit ist auch die Grundlage des Verhältnisses zu Iran. Allerdings führen die konträren weltanschaulichen Orientierungen immer wieder zu politischen Krisen zwischen dem theokratisch regierten Staat und der laizistischen Türkei. Während sich das Verhältnis zu Syrien nach der Gefangensetzung von PKK-Chef Öcalan entspannt hat, war das türkisch-irakische Verhältnis widersprüchlich. Auf der einen Seite hat Ankara ein großes Interesse insbesondere an der Wiederaufnahme der wirtschaftlichen Zusammenarbeit, die vor allem den armen Regionen im Südosten der Türkei zugute kommt. Zugleich aber war sie die wichtigste regionale Verbündete Washingtons mit Blick auf die militärischen Maßnahmen der USA gegen das irakische Regime. Von türkischen Luftwaffenstützpunkten aus haben Amerikaner und Briten seit März 1991 die Flugverbotszone im Irak kontrolliert. Und im Rahmen der sich im März 2003 abzeichnenden Militäroperation der USA zum Sturz des irakischen Regimes kam der Türkei eine strategische Bedeutung zu. Tatsächlich hat es Ankara verstanden, die Türkei nach den Terroranschlägen vom 11.9.2001 als verläßlichen Partner der USA zu präsentieren. So beteiligte sich Ankara u.a. 2002 an der internationalen Friedenstruppe für Afghanistan und übernahm nach Großbritannien deren Führung. Um so überraschender war die Weigerung des türkischen Parlaments im März 2003, türkisches Territorium den amerikanischen Truppen zum Aufmarsch gegen den Irak zur Verfügung zu stellen.

Die Beziehung zur EU bleibt der Punkt, an welchem das anhaltende Problem der Standortbestimmung sichtbar wird. Um weitere Verhandlungen eröffnen zu können, mußten die EU und die Türkei einen Vertrag über die Beitrittspartnerschaft schließen, in welchem die Vorbedingungen festgesetzt waren, und die Türkei mußte ein Programm vorlegen, wie sie diese Bedingungen in die Praxis umsetzen wollte. Nach langen Verhandlungen kam erst am 4.12.2000 ein Papier zustande, das als „nationales Aktionsprogramm“ am 19.3.2001 in Kraft trat. Im August/September 2002 verabschiedete das Parlament in Ankara eine Reihe von Verfassungsänderungen, die erklärtermaßen darauf gerichtet waren, die immer wieder angemahnten politischen Defizite im Hinblick auf einen Beitritt des Landes zur EU zu beseitigen.

Mit den Änderungen der Verfassung im August/September 2002 wurden tatsächlich einige der einem Beginn der Beitrittsverhandlungen entgegenstehenden Probleme gelöst. Ob das Land schließlich vorbereitet ist, in Beitrittsverhandlungen mit der EU einzutreten, soll Ende 2004 in weiteren Gesprächen geklärt werden. Einmal mehr freilich könnte die Zypernfrage zu einem Stolperstein auf dem Wege in die EU werden: Nach zähen Verhandlungen zwischen den Volksgruppenführern der Griechen und Türken, Klerides und Denktaş, in die sich schließlich UNO-Generalsekretär Kofi Annan eingeschaltet hatte, mußte dieser im März 2003 – nicht zuletzt angesichts der Kompromißlosigkeit der türkischen Seite – deren vorläufiges Scheitern erklären. Mit der auf beiden Seiten im Frühjahr 2003 eingeräumten Möglichkeit zu Besuchen im jeweils anderen Teil der Insel ist überraschend – im wahrsten Sinne des Wortes – Bewegung in die Zypernfrage gekommen.

VI. Probleme und Perspektiven – Politik, Gesellschaft, Wirtschaft

Das politische System

Mit dem neu gegründeten Nationalstaat wurde nicht nur ein Neubeginn der Geschichte der Türken Kleinasiens eingeleitet; vielmehr wurde damit auch ein System staatlicher Ordnung im islamischen Nahen und Mittleren Osten eingeführt, welches im Staatsverständnis der dort lebenden Menschen keinerlei Tradition hatte. Die Einheit der *Gemeinschaft der Gläubigen*, der Idealform islamischer Staatlichkeit, war nun nach „nationalen“ Trennungslinien gesprengt. Trotz des Bruchs in der Tradition lassen sich in der Türkischen Republik traditionelle Einstellungen gegenüber Staat und Gesellschaft finden. Sie tragen auch dazu bei, daß die demokratische Staatsform, um die sich die Türken seit dem Ende des Zweiten Weltkriegs bemühen, ein anderes Gepräge aufweist als etwa in Westeuropa. Zu diesen Eigentümlichkeiten gehört etwa die beherrschende Stellung des Staates gegenüber den Rechten und Freiheiten des einzelnen Bürgers und den Kräften der Gesellschaft. Der Staat (*Devlet*) ist zugleich „Vater", der den einzelnen schützt, wie aber auch eine allgewaltige Einrichtung, deren Berührung man besser meidet. So sind im politischen Denken und Handeln des Türken das Kollektiv, die Nation und ihre politische Organisation, der Staat, dem einzelnen und seinen Rechten noch immer übergeordnet.

Dem steht eine tiefe Zersplitterung der politischen und gesellschaftlichen „Landschaft" gegenüber. Auch sie ist ein Erbe der Strukturen des Osmanischen Reiches. Das Machtmonopol lag bei der zentralen Verwaltung, die sich um den Hof in Istanbul gruppierte. Diesem „Zentrum" stand die „Peripherie" gegenüber, die „Provinz" außerhalb der Hauptstadt, deren Verhältnis zu ihr durch den Status des Untertanen gekennzeichnet war. Auch die Peripherie wiederum war in sich zergliedert nach Völkern, Stämmen, Clans, größeren oder kleineren Familienverbänden und Religionsgemeinschaften, die sich gegeneinander abgrenzten oder miteinander rivalisierten und in jedem Falle von ihren Mitgliedern eine übergeordnete Loyalität verlangten.

Auch die Kemalisten haben es in Jahrzehnten nach der Gründung der Republik nicht vermocht, eine dauerhafte politische und gesellschaftliche Integration herbeizuführen. Vielmehr beschränkten sie sich im wesentlichen darauf, ihre Modernisierungsideologie von ihrer Position im politischen Machtzentrum aus einer breiten Bevölkerung, die freilich bislang in andersgearteten religiösen und kulturellen Zusammenhängen gelebt hatte, propagandistisch, politisch und administrativ aufzudrängen. Auf diese Weise konnte eine gesellschaftliche Integration nicht wirklich gelingen.

Die Gegenüberstellung von „Zentrum" und „Peripherie", die den osmanischen Staat so grundsätzlich charakterisierte, wirkt bis heute spürbar im politischen Leben der türkischen Demokratie nach. Regierung und Verwaltung sind hochgradig zentralisiert; eine Autonomie der Lokalverwaltung gibt es allenfalls ansatzweise.

Von den politischen Parteien sind keine nachhaltigen Veränderungen des Staatsverständnisses ausgegangen. Dafür sind sie zu sehr Nutznießer des zentralisierten Systems und der Möglichkeiten, auf dessen Ressourcen zurückzugreifen. Seit den fünfziger Jahren ist für die Parteien kurzfristiger individueller Nutzen gegenüber langfristigen Veränderungen immer wichtiger geworden. Damit einher ging eine weitere Verwischung der ohnehin unscharfen weltanschaulichen Konturen. Sie hat ihre Ursache darin, daß die Türkei nicht die historischen Prozesse Europas durchlaufen hat, aus denen dort – wie die soziale Frage, das liberale Bürgertum oder das politische Engagement der Kirchen – die verschiedenen Parteien entstanden sind.

Begünstigt wird der Patronagemechanismus durch die traditionellen patriarchalischen Strukturen mit „Führerpersönlichkeiten" an der Spitze und die etatistische Ausrichtung des Staates, über den die Mittel beschafft und verteilt werden. Da alle Parteien – mit graduellen Unterschieden – ihre Existenz über die ideologiefreie Patronage sichern, steht für sie die Erhaltung des Staates wie er ist im Vordergrund. Die hierarchisch aufgebauten Parteien sind nicht auf Programme zugeschnitten, sondern auf charismatische Führerpersönlichkeiten, die meist über Jahrzehnte an der Spitze der Partei stehen.

Das klassische *Rechts-Links-Schema* hatte innerhalb eines Zweiparteiensystems bis Ende der sechziger Jahre Bestand. Von 1973 bis 1991 kristallisierten sich bei einem relativ stabilen Wahlverhalten drei Blöcke heraus: Die Mitte-Rechts-Parteien (50–55 %), die Mitte-Links-Parteien (30–33 %) sowie die islamistischen und nationalistischen Parteien, die von 1965 bis 1991 ihren Anteil von 8 auf 17 % verdoppelten. Die Kommunalwahlen von 1994 und die Parlamentswahlen von 1995 beendeten die Periode der drei stabilen Blöcke – nicht zuletzt, weil den traditionellen Parteien immer weniger zugetraut wurde, die drängenden wirtschaftlichen Probleme zu lösen und den schwerfälligen, stark zentralisierten Staatsapparat zu modernisieren. Die Mitte-Rechts-Parteien büßten von 1983 bis 1995 über 15 Prozentpunkte ein und landeten bei 39 %, die Mitte-Links-Parteien fielen um 7 auf 25 %, die islamistische *Wohlfahrtspartei* steigerte von 1983 bis 1995 ihren Stimmenanteil indessen von 4 auf 21 %. Mitte der neunziger Jahre besetzten jeweils zwei Parteien die drei traditionellen Blöcke konservativ, links und rechts/islamistisch.

Auch das Ergebnis der Wahlen vom April 1999 ließ eine eindeutige Zuweisung nach politischen Lagern nicht mehr zu. Es zeigte den nahezu dramatischen Aufstieg zweier Parteien, die noch bis zu den Wahlen als krasse Außenseiter galten. Das Verbindende zwischen dem Wahlsieger, der sich noch immer als sozialdemokratisch verstehenden DSP unter Bülent Ecevit, und der zweitstärksten Partei, der dezidiert nationalistischen MHP, die nach dem Tode ihres Gründers und jahrelangen charismatischen Führers Alparslan Türkeş (4.4.1997) unter der Führung von Devlet Bahçeli ein moderateres Image angenommen hatte, war ein kemalistisch eingefärbter türkischer Nationalismus. Wie instabil das Parteiensystem geworden ist, zeigten die Wahlen am 3.11.2002. Frustriert über die insbesondere wirtschaftlichen Fehlentwicklungen, hat der türkische Wähler alle im Parlament vertretenen Parteien in die Wüste geschickt. Die gemäßigt islamistische *Partei für Gerechtigkeit und Entwicklung (AKP)* vertritt nunmehr mit knapp zwei Dritteln der Sitze allein das rechte Lager. Dem steht mit der „klassischen" *Republikanischen Volkspartei (CHP)*, die mit 178 Sitzen seit langem wieder ins Parlament einzog, lediglich eine schwache Linke gegenüber.

In einer Situation, in der die Parteien die politische Führerschaft verloren, trat nach 1993 das Militär als gestaltende Kraft wieder in den Vordergrund. Die Rolle des Militärs ist durch Geschichte und Tradition legitimiert. Sie wird auch heute noch von einer Mehrheit der Türken akzeptiert – dies um so mehr, als diese eine eher geringe Meinung von der Qualität ihrer Politiker haben. Die osmanische Staatskonzeption eines islamischen Imperiums war untrennbar mit der Existenz einer starken Armee verbunden gewesen. Später waren es die siegreichen Offiziere des Befreiungskampfes, die als Erben der jungtürkischen Bewegung, in der ebenfalls Militärs eine erhebliche Rolle gespielt hatten, zu Begründern der neuen Türkei wurden. Ein Gesetz von 1923 freilich zwang jeden Militärangehörigen, im Falle der Kandidatur für das Parlament seinen militärischen Status abzulegen. Die Generäle Kemal (der spätere Atatürk) als Staatspräsident und Ismet (der später den Beinamen Inönü annahm) u.a. sind diesen Schritt gegangen. Angesichts der diffusen politischen, gesellschaftlichen und weltanschaulichen Situation in der Türkei nach 1993 sowie im Lichte der Gefährdung durch den von der militanten kurdischen PKK ausgehenden Terror hat das Militär hartnäckig an der legitimierenden Staatsideologie des Kemalismus festgehalten, als deren Gralshüter es sich fühlt.

Nachdem das Militär dreimal die Macht direkt übernahm (1960, 1971 und 1980), wurde nach 1993 der Nationale Sicherheitsrat das verfassungsmäßig legitimierte Organ, durch welches es seine Macht indirekt ausspielte. Dieser ist seit 1961 als Verfassungsorgan verankert. Heute besteht er aus den Kommandeuren der drei Teilstreitkräfte (Armee, Marine und Luftwaffe), der Gendarmerie und dem Generalstabschef als militärische Mitglieder sowie dem Präsidenten der Republik, dem Ministerpräsidenten, dem Innenminister, dem Verteidigungsminister und dem Außenminister. Der Begriff der „nationalen Sicherheit" wurde aufgeweicht durch den Begriff des „Wohls der Gemeinschaft"; ein Begriff, dessen Definition je nach vorherrschender Auffassung in der politischen Elite unterschiedliche Tragweite erlangen konnte. So wurde er letztlich Maßstab für die Definition des Staatsfeindes – bis hin zu demjenigen, der durch unbequeme Kritik die „öffentliche Ruhe" gefährdet.

Die türkische Gesellschaft

Der revolutionäre Umbruch nach 1920 brachte für die Türkei auch eine tiefgreifende gesellschaftliche Umgestaltung. Das Reich war von einer schmalen Elite regiert worden. Eine bürgerliche Gesellschaft im europäischen Sinne hatte sich bis zu seinem Ende kaum entwickelt. Dafür fehlte auch die wirtschaftliche Grundlage. Wirtschaftliche Aktivitäten wie der Handel oder die ohnehin nur schwach entwickelte industrielle Produktion lagen überwiegend in den Händen von Nicht-Türken. Mit der Ausbildung und dem schließlichen Sieg der nationalen Bewegung waren neue Perspektiven gesellschaftlicher Entwicklung eröffnet. Die Führung ging nunmehr auf jene Kräfte über, die sich der kemalistischen Ideologie verschrieben hatten. Dabei handelte es sich im wesentlichen um ehemalige Offiziere, Angehörige der freien Berufe, Intellektuelle und lokale Notabeln, auf die sich die Kemalisten stützten, da sie die Masse der ländlichen Bevölkerung nicht zu erreichen vermochten.

Die neue Elite, die sich unter der Führung der DP nach 1950 zu formieren begann, versuchte, das kemalistische Entwicklungskonzept einer Gesellschaft anzupassen, die durch jahrhundertealte eigene kulturelle und religiöse Traditionen geprägt war. Es begann eine Auseinandersetzung zwischen einer Staatselite, die die Schlüsselpositionen in der Verwaltung und lange auch an den Universitäten behauptete, ihren letzten Rückhalt in der Armee hatte und sich als eigentlicher Erbe des Kemalismus verstand, mit einer bürgerlichen Führungsschicht, die für ein gemildertes und realistischeres Konzept der Modernisierung eintrat. Dieser Prozeß zieht sich gleichsam als roter Faden durch die Geschichte der Türkischen Republik seit 1945 bis in die Gegenwart. Turgut Özal, der zwischen 1983 und 1993 die Politik des Landes bestimmte, kann als der herausragende Vertreter jener „liberalen" Elite gesehen werden.

Eines der schwerwiegenden Probleme war und ist die Bevölkerungsentwicklung. Die türkische Bevölkerung hat sich von 1923 bis 1997 von 13 auf 62,5 Mio. verfünffacht. Parallel zu diesem Wachstum hat nach dem Zweiten Weltkrieg eine Migration in die Städte der Westtürkei eingesetzt. Noch 1945 hatten erst 18 % der Bevölkerung in Städten gelebt, also in Siedlungen mit über 10000 Einwohnern; 1960 waren es

26 %, 1996 aber 70 %. Die seit 1950 verfolgte liberale Wirtschaftspolitik, die Mechanisierung der Landwirtschaft bei rasch steigender Bevölkerung und die Verbesserung im Bildungs- und Gesundheitswesen, namentlich in den Städten, sind Ursachen dieser dramatischen Bevölkerungsverschiebung. Die Stadtwanderung brachte eine Verschärfung der sozialen Spannungen mit sich. An den Rändern der Städte bildeten sich neue Quartiere, die *Gecekondu* („über Nacht errichtet"). Nach einem alten islamischen Rechtsgrundsatz darf keinem das einmal errichtete Dach über dem Kopf genommen werden. Mitte der neunziger Jahre lebte ein Drittel der türkischen Bevölkerung in *Gecekondu*.

Das städtische Leben mit seinem relativ hohen Grad der Verwestlichung stand in scharfem Kontrast zu der dörflichen Welt der Zuwanderer und führte zur Entfremdung. Entwurzelung und Entfremdung wurden in vielen Fällen zum Nährboden weltanschaulicher und politischer Radikalisierung. Städter und Migranten unterscheiden sich in ihren Wertesystemen und Konsumgewohnheiten stark. In den siebziger Jahren hatten viele Binnenmigranten die CHP von Bülent Ecevit und deren Forderung nach einer „gerechten Verteilung" unterstützt. Konkrete Hilfe kam aber nicht, und die Bewohner der Außenbezirke der Großstädte fühlten sich von den linken Parteien nicht mehr angezogen. In den neunziger Jahren versprach ihnen die RP mit ihrer Parole von der „gerechten Ordnung" einen Ausweg aus der als ungerecht empfundenen Verteilung. Mit ihrer effizienten Basisarbeit bot die Partei der vernachlässigten städtischen Peripherie eine erneute Chance, Einfluß auf die Machtzentren zu nehmen.

Hintergrund dieser Entwicklung ist ein Grunddilemma der sozialen Situation in der Türkei: Das Gefälle zwischen dem entwickelteren Westen und dem trotz erheblicher Anstrengungen, vor allem in der Ära Turgut Özals, noch immer weithin unterentwickelten Osten. Naturgemäß berührten Atatürks Reformen den städtischen Westen tiefgreifender als den weitgehend von der Außenwelt abgeschlossenen Osten. Auch die wirtschaftliche Entwicklung hatte sich bis in die fünfziger Jahre durchaus auf den Westen konzentriert. Ein wachsendes soziales und wirtschaftliches Gefälle war die Folge.

Ein Problem stellt das reformbedürftige und schlecht ausgestaltete Erziehungswesen dar. Das zweigliedrige staatliche Erziehungswesen umfaßt die Grundschule (Klassen 1–5) und die Sekundarstufe (Klassen 6–8 Mittelstufe, Klassen 9–10 *Lise)*. Zu Beginn des Schuljahres 1997/98 wurde die Pflicht, eine staatliche Schule zu besuchen, von 5 auf 8 Jahre angehoben. Damit soll der Einfluß der religiösen Privatschulen eingedämmt werden, auf welche Kinder nach der 5. Klasse häufig geschickt worden sind. Heute gibt es in der Türkei 58 staatliche Hochschulen. Sie sind von unterschiedlicher Qualität – je weiter nach Osten von um so geringerer. Im Jahre 2000 existierten zwei private Hochschulen, in Ankara und in Istanbul. Weitere sind in Vorbereitung. Ein besonderes Charakteristikum des Erziehungswesens in der Türkei ist die religiöse Erziehung. Sie wurde nach 1950 und vor allem seit den achtziger Jahren stark ausgebaut. 1997 existierten 61 *Imam-Hatip*-Schulen, an denen der theologische Nachwuchs ausgebildet wird; ihre 511500 Schüler im Alter von 11–18 Jahren entsprachen 11% aller Schüler dieser Jahrgänge. Die Schulen sind vor allem für ärmere Familien eine Alternative zu den staatlichen Schulen.

Mit der wirtschaftlichen Entwicklung hat sich in der Türkei eine gesellschaftliche Differenzierung vollzogen. Trotz noch immer unübersehbarer traditioneller Züge hat sie sich in Richtung auf eine westliche, von industrieller Produktion geprägte Gesellschaft gewandelt. Einer sich kontinuierlich ausbreitenden Schicht von abhängig Arbeitenden steht an der Spitze der sozialen Skala eine Führungsschicht gegenüber, die sich aus den oberen Rängen der Bürokratie, den Managern in großen Konzernen und Holdinggesellschaften sowie den oberen Rängen des Militärs zusammensetzt. Mit der Ausweitung des Bildungssystems und der Ausdehnung freier Berufe hat sich ein Mittelstand herausgebildet. Es entstanden Berufsverbände, Arbeitgeberorganisationen und Gewerkschaften.

Auch die Stellung der Frau in der türkischen Gesellschaft steht im Spannungsfeld zwischen Vergangenheit und Gegenwart. Mit den Reformen Atatürks erhielten die Frauen die rechtliche Gleichstellung. 1924 wurde die Grundschulpflicht für Mädchen eingeführt, 1926 die Polygamie abgeschafft. Männer und Frauen wurden bei der Eheschließung und der Scheidung gleichgestellt, auch in der Erbfolge und im Fürsorgerecht. 1934 erhielten die Frauen das passive und das aktive Wahlrecht auf nationaler Ebene. Ein neuer Typus von Frau entstand, der den Frauen kaum Spielraum zur Entfaltung einer individuellen Persönlichkeit ließ: Die „nationale Frau" stand im Dienste der neuen Republik Atatürks. Sie galt als Pionier der Moderne, Mutter ihrer Kinder und Gefährte ihres Mannes. Ermöglicht wurde ihr die Ausübung zahlreicher Berufe. Bei Ärzten, Juristen, Ingenieuren, Architekten und Apothekern hatte die Türkei noch Anfang der achtziger Jahre nach den USA und Kanada die dritthöchste Zahl weiblicher Hochschulabsolventen; Frauen stellen ein Fünftel der ordentlichen Professoren. Diese Modernisierung war auf die städtische Mittel- und Oberschicht beschränkt. Auf dem Lande dominieren weiter die alten Wertvorstellungen und Rollenstereotypen; dort wurde und wird ihre Ausbildung aufgrund der doppelten Tätigkeit im Haus und auf dem Feld meist vernachlässigt. Neben die „kemalistische Frau" traten in den achtziger Jahren Frauen einer neuen feministischen Bewegung. 1993 gründeten türkische Frauenrechtlerinnen in Istanbul die Organisation *Frauen für die Menschenrechte der Frauen.* Die Organisation richtete in *Gecekondus* Selbsthilfegruppen und Rechtskurse ein. Feministische Gruppen erreichten, daß frauenfeindliche Gesetze geändert wurden: Etwa, daß Verheiratete nicht mehr die Einwilligung des Ehemanns benötigen, um außerhalb des Hauses zu arbeiten. Neben die „nationale Frau" tritt mehr und mehr die „islamistische Frau".

Die am Beispiel der Frau zu konstatierende Ambivalenz wird in der Geltung der *Menschenrechte* insgesamt reflektiert. Der Europäischen Menschenrechtskonvention ist die Türkei 1954 beigetreten. Artikel 17 der Verfassung von 1982 verbietet die Folter. Seit 1988 ist die Türkei Mitglied der Anti-Folter-Konvention der Vereinten Nationen und des Europarats. Anwendbar wurde die Europäische Menschenrechtskonvention, als die Türkei 1987 die Rechtsprechung der Europäischen Kommission für Menschenrechte und damit das Recht auf Individualbeschwerde anerkannte. Seit dem 16. 12. 1989 erkennt die Türkei auch die Rechtsprechung des Europäischen Gerichtshofs für Menschenrechte an. Wenn der rechtliche Rahmen als befriedigend gelten kann, so gilt dies nicht für die tatsächliche Lage der Menschenrechte. Die gravierendsten Verstöße, die auch in der türkischen Öffentlichkeit diskutiert werden, sind Folter und Mißhandlung in Polizeigewahrsam, die unaufgeklärten Todesfälle sowie das „Verschwinden“ von Personen.

Eine beachtliche Entwicklung haben die türkischen *Medien* in den letzten Jahren genommen. Sie haben nicht wenig zur weiteren Ausprägung der Zivilgesellschaft beigetragen. Und auch mit Blick auf die negativen Seiten der türkischen Politik und Gesellschaft kommt ihnen eine in wachsendem Maße aufklärende Rolle zu. Grundlegend haben sich in den neunziger Jahren die elektronischen Medien verändert. 1990 nahm der erste private Fernsehkanal seine Sendungen von Deutschland aus in die Türkei auf. 1992 folgten weitere Stationen. Unter dem Druck der Wirklichkeit änderte das Parlament 1993 die Verfassung und hob das Rundfunkmonopol auf. Neben der öffentlich-rechtlichen Fernsehanstalt TRT (Türkiye Radyo ve Televizyon Kurumu) haben sich bis zum Jahre 2000 16 landesweite private Fernsehsender und über 30 landesweite Radiostationen etabliert. Ergänzt werden sie von über 350 regionalen und lokalen privaten Fernseh- und 1500 Radiostationen.

Die Rolle des Islam

Die Religion der großen Mehrheit der Türken ist der sunnitische Islam. Etwa 20–25 % gehören dem Alevitentum an, einer eher dem schiitischen Islam nahestehenden Sonderentwicklung. Christen und Juden stellen verschwindend kleine Minderheiten mit abnehmendem Anteil an der Gesamtbevölkerung dar. Ähnlich wie bei den Aleviten vermischen sich bei den Resten der Yeziden zahlreiche Religionen und Kulte, die durch die lange Geschichte hindurch auf anatolischem Boden praktiziert wurden.

Der Islam wurde im siebten Jahrhundert durch den Propheten Mohammed (570–632) gegründet. Grundlage des Glaubens sowie des kultischen, individuellen und gesellschaftlichen Lebens des Muslims ist der Koran; er wird durch Aussagen und Handlungen des Propheten ergänzt, die durch eine glaubhafte Überlieferung aus der unmittelbaren Nähe Mohammeds berichtet werden (*Sunna:* türk. *Sünnet*). Mittelpunkt des Glaubens ist die absolute Einheit Gottes (*Allah*), den der Muslim im Glaubensbekenntnis bezeugt (*Shahâda;* türk. *Şehadet*) und dem er sich unterwirft (*Islâm*).

Die Türken nahmen den Islam erst im 10. Jahrhundert freiwillig an. Bis dahin hatten die muslimischen Waffen in diversen Feldzügen die Islamisierung der Türken kaum vorantreiben können. Für die Geschichte der Türken aber und der islamischen Welt sollte die Verbindung des Islam und der Türken herausragende Bedeutung haben. Mit der Eroberung Bagdads, des Sitzes des abbasidischen Kalifats, durch den Seldschukensultan Tuğrıl Beg im Jahre 1055 übernahmen die Türken eine Führungsrolle in der islamischen Welt, die nahezu ein Jahrtausend dauern sollte. Sie wurde gleichsam formalisiert, als mit der Eroberung Kairos durch Sultan Selim (1517) das Kalifat – nunmehr im Hause Osman – wieder auferstand. Vor diesem Hintergrund und im Lichte der symbolischen Bedeutung der Institution des Kalifats als „islamischer Ordnung“ in der Wahrnehmung zahlreicher Muslime kann ermessen werden, eine wie weitreichende Bedeutung für das Selbstverständnis der Muslime die Abschaffung des Kalifats durch Mustafa Kemal im März 1924 gehabt hat. Für zahlreiche Muslime war dies nicht nur ein Schlag gegen eine politische Ordnung, sondern gegen „den Islam“ schlechthin.

Tatsächlich waren die Kemalisten der Überzeugung gewesen, daß es gelingen würde, den Islam aus dem Erscheinungsbild der Türkei zurückzudrängen und ihn ausschließlich in die Sphäre der persönlichen Religiosität zu verbannen. Bereits Ende der vierziger Jahre freilich hatte sich angedeutet, daß dies eine zu rationale, zu europäische Vorstellung von der Türkei war.

Mit der Gründung der Republik sollte die staatliche Verwaltung nach dem Willen der Kemalisten auch für die Pflege der Religion zuständig sein. Zentrale Institution wurde das *Diyanet İşleri Reisliği* (Präsidium für religiöse Angelegenheiten, kurz: *Diyanet*). Ihm oblagen und obliegen die Überwachung der religiösen Literatur und die Verwaltung der geistlichen Ämter. 1925 wurden die Konvente und Mausoleen der machtvollen Derwischorden als „Horte der Reaktion" geschlossen.

Lediglich in ihren frühen Jahren hat die Türkische Republik konsequent das Prinzip des Laizismus angewandt, hat sie streng auf einer Trennung von Religion und Politik bestanden. In ihrem „Laizismus" schufen die Staatsgründer eine Ideologie, die die Religion völlig aus dem öffentlichen Leben ausschloß. Mit der Einführung des Mehrparteiensystems begannen Politiker die Religion für ihre Ziele zu instrumentalisieren. Der Religionsunterricht wurde wieder zugelassen, zunächst nur wahlweise an den Grundschulen; unter den Militärs im Jahre 1982 sogar obligatorisch an allen Schularten. Noch vor dem erdrutschartigen Wahlsieg der DP im Jahre 1950 wurde 1949 in Ankara eine neue theologische Fakultät eröffnet. Korankurse, wenn auch staatlich organisiert und kontrolliert, erhielten Zulauf, ein intensiver Neubau von Moscheen setzte ein, verfallende Moscheen wurden restauriert.

Die Generäle setzten den Islam nach ihrem Putsch von 1980 gezielt ein, um die Linke zurückzudrängen. Als sie 1983 abtraten, gelang es dem neuen Premierminister Turgut Özal, der selbst dem Orden der Nakşibendi angehörte, die religiösen Stimmen nahezu geschlossen an sich zu binden. Zu den meisten Bruderschaften unterhielt er gute Kontakte; in seiner

„Mutterlandspartei" waren die – gemäßigten – Islamisten lange Zeit stärker als der liberale Flügel. Von 1983–1991 übernahmen sie in der staatlichen Bürokratie zahlreiche Stellen, vor allem in den Ministerien für Erziehung und Inneres sowie im Planungsamt. Die Bruderschaften *(Tarikat)* und Gemeinschaften *(Cemaat)* begannen, Zeitungen zu gründen, Schulen zu führen und Unternehmen zu betreiben. Auch die marktwirtschaftliche Öffnung begünstigte die „Islamisierung". Wo der Staat dem gestiegenen Bedarf an Sozialpolitik aufgrund seiner leeren Kassen nicht mehr nachkommen konnte, füllten islamische Selbsthilfegruppen die Lücke. Daneben schließlich banden seit den achtziger Jahren auch die Medien die frommen Muslime in die bestehende Ordnung ein. In den achtziger Jahren konnte somit eine neue Generation von säkularen, aber auch urbanen religiösen Intellektuellen heranwachsen. Islamische Intellektuelle begannen erstmals, sich zu Fragen der politischen Ordnung zu äußern; einige von ihnen zählen heute zu den meistgelesenen Theoretikern der Türkei. Zeitungen und Zeitschriften mit islamischem Profil etablierten sich, auch Fernsehkanäle und Radiostationen. Es entstand ein islamischer Literaturbetrieb mit eigenen Verlagen und Vertriebswegen.

Der Islam in der Türkei stellt sich in drei Varianten dar: dem Staatsislam, dem Volksislam sowie dem politischen Islam (Islamismus). Die erste Variante ist vor allem durch die Religionsbehörde geprägt, auf die schon hingewiesen wurde. Das *Diyanet* war bis 1950 mit wenig Personal ausgestattet und hatte lediglich den Koran und einige religiöse Grundlagenwerke herausgegeben. Seither wuchs das Amt zu einer komplexen Behörde: Es beschäftigt 88 000 Angestellte – Vorbeter *(Imam)*, Prediger *(Hatip)*, Gebetsrufer *(Müezzin)* und islamische Rechtsgelehrte *(Müftü)*. Ihm unterstehen über 70 000 Moscheen, die von der „Generaldirektion für Stiftungen" unterhalten werden.

Das öffiziöse Konzept einer türkisch-islamischen Synthese (*Türk-islam sentezi*) sucht eine Verbindung von Türkentum und Islam, Staat und Religion herzustellen. Ihre Ideologen und Wortführer, der *Intellektuellenclub (Aydınlar ocağı),* haben sich seit den siebziger Jahren in Gestaltung und Ausführung von Verfassung und Gesetzgebung eingeschaltet. Hauptanliegen des „Clubs“ war es, salopp formuliert, „2500 Jahre (!) Türkentum, 1000 Jahre Islam und (nur) 150 Jahre westlichen Denkens in der nationalen Kultur der Gegenwart auf der Basis der einmaligen Verbindung aus Türkentum und Islam“ zur Synthese zu bringen. Dieses Anliegen wurde sowohl von einer nationalistischen wie einer islamischen Klientel verinnerlicht, die den Grundkonflikt zwischen gesteigertem türkischen Nationalbewußtsein und islamischer Identitätskrise bis dahin nicht zu lösen vermocht hatte.

Dem orthodoxen sunnitischen Islam gegenüber hat sich in der gesamten islamischen Welt ein Volksislam entwickelt, der überwiegend die einfachen Gläubigen anspricht. Er organisiert sich in Bruderschaften und nimmt Elemente des Heiligenkults auf, aber auch der Mystik und des Aberglaubens. Den Bruderschaften liegt die Einstellung zugrunde, daß der Mensch Gott erkennen und zeitweise zu einer Einheit mit ihm gelangen kann. Der mystische Lehrer, der an der Spitze einer Bruderschaft steht, führt seine Anhänger auf den Weg dieser Gotteskenntnis. 1924 wurde nicht nur das Kalifat beseitigt; auch die Bruderschaften wurden abgeschafft. Im Zeichen der einsetzenden Liberalisierung nach dem Ende des Zweiten Weltkrieges kamen sie wieder zum Vorschein. An der Spitze eines der einflußreichsten Orden steht Fethullah Gülen, der 1938 in der nordostanatolischen Staat Erzurum geboren wurde. Der „türkische Islam“, den er vertritt, soll, in Fortsetzung des Osmanischen Reiches, gegenüber nichtislamischen Religionen tolerant und gegenüber den Wissenschaften aufgeschlossen sein. Gülen strebt nach einer Einheit zwischen den Traditionen der lokalen Religiosität und den Anforderungen der Moderne. In seinem Imperium nehmen daher die privaten Schulen eine zentrale Stellung ein. Daneben sind die Medien eine zweite Säule der Aktivitäten Gülens.

Die dritte Facette des Islam in der Türkei ist der politische Islam. Bis in die sechziger Jahre hatte der türkische Islam keinen Anspruch auf einen Platz auf der politischen Bühne erhoben. Dies änderte sich mit Mehmet Zahid Kotku (1897–1980), einem Scheich der Bruderschaft der Nakşibendi. Er begann in den sechziger Jahren in Istanbul, einen Kreis politisch motivierter Studenten um sich zu scharen, verließ den „kulturellen Islam" der türkischen Konservativen und entwickelte einen „politischen Islam". Zu seinen Studenten gehörten Necmettin Erbakan und Turgut Özal. Auf Anregung Kotkus gründete Erbakan 1970 die erste islamistische Partei der Türkei.

Aufgrund der zwei Phasen ihrer Geschichte – Herkunft aus einer politisierten Bruderschaft, Wählerzuwachs durch die rasche Urbanisierung – besteht die islamistische Partei aus zwei Generationen, die ein unterschiedliches Politikverständnis vertreten. Die erste, traditionalistische Generation stammt überwiegend aus der anatolischen Provinz und ist in den hierarchischen Strukturen der Bruderschaft der Nakşibendi verwurzelt. Eine Änderung trat ein, als während der Urbanisierung der achtziger Jahre die erste Generation um eine junge, modernistische ergänzt wurde, die nicht mehr in Bruderschaften eingebunden ist. Die RP trat jetzt moderner auf als ihre Vorgängerparteien. Themen wie Wirtschaft und Soziales, Verwaltung und Management ersetzten religiöse Diskurse und theologische Fragestellungen. Erst der modernistische Flügel ermöglichte der Partei, ihren Stimmenanteil von 1987 bis 1995 zu verdreifachen. Die Früchte dieser Strategie konnte sie 1994 (Sieg bei den Lokalwahlen) und 1996 (Übernahme der Regierungsverantwortung) ernten.

Anders als in anderen islamischen Ländern, etwa Algerien oder Ägypten, ist islamisch motivierte Gewalt, die das islamische Gesetz (*Şeriat*) mit Waffen durchzusetzen sucht, noch kein verbreitetes Phänomen. Eine Bedrohung geht jedoch von zwei militanten Bewegungen aus: der *Front der Soldaten des islamischen Großen Ostens (Islami Büyük Doğu Akıncılar – Cephe, IBDA-C)* und der türkischen Hizbollah. Beide sind in der ersten Hälfte der neunziger Jahre für eine Reihe von Terroranschlägen verantwortlich: IBDA-C in westlichen Großstädten, *Hizbollah* im kurdischen Südosten. IBDA-C ist aus einer kurdischen Umgebung hervorgegangen und hat einen großen föderativen islamischen Staat propagiert. Viele Anhänger der Hizbollah rekrutierten sich indessen aus islamistischen kurdischen Kreisen, die mit der Unterstützung der Sicherheitsorgane den „linken" kurdischen Separatismus bekämpfen sollten. Ende 1999 begannen die Sicherheitskräfte selbst, gegen die Hizbollah vorzugehen. In wenigen Wochen wurden Dutzende von Leichen ermordeter Journalisten, Intellektueller, Wirtschaftsvertreter etc. entdeckt. „Kurden", „Linke", „Liberale" und „Unterstützer der PKK" waren die Kriterien, nach denen sie als Opfer ausgesucht zu sein schienen.

So tritt der Islam heute in der Türkei in vielfältigen Varianten auf. Keine Gruppe, Bewegung oder Partei verfügt über ein Monopol. Hatten die diversen islamistischen Parteigründungen, die sich mit dem Namen Necmettin Erbakan verbinden, früher sozialen Protest in der Sprache des Islam zu artikulieren versucht, so hat die islamische Bewegung in den neunziger Jahren in der Auseinandersetzung mit der türkischen Gesellschaft an Breite zugenommen. Bis in die siebziger Jahre noch ausgeschlossen oder zumindest marginalisiert, wurde sie in den achtziger Jahren ins Zentrum der türkischen Politik eingelassen – nicht zuletzt in der Erwartung, daß dies zur Stabilisierung des Systems beitrage. Inwieweit sie zu einem integralen Bestandteil der türkischen Demokratie werden könnte, ist eine der großen Fragen an die Türkei mit Blick auf die Zukunft. Diese ist auch trotz der überwältigenden Mehrheit nicht beantwortet, mit der die gemäßigt-islamistische *Partei für Gerechtigkeit und Entwicklung (AKP)* am 3. November 2002 in das türkische Parlament eingezogen ist.

Eine multikulturelle Gesellschaft?

Ein bestimmender Wesenszug „des Türken" als Individuum sowie „der Türkei" als Staat ist der Nationalismus. „*Ne mutlu Türküm diyene*" – Wie erhaben ist es zu sagen: Ich bin ein Türke – dieses Zitat schmückt landauf, landab die türkischen Städte und Dörfer. Mit dem nachdrücklichen Bekenntnis zum Türkentum wollten die Staatsgründer ausdrücken, daß die Türken nach dem Niedergang des multiethnischen Osmanischen Reiches zu einer klaren Selbstidentifikation gefunden hatten. Ihre Nation, verkörpert in dem neuen Staat, der Türkischen Republik, sollte in jedem Türken jene Dynamik entfachen, die anderen europäischen Nationen zu ihrer Stärke sowie ihrer geistigen und materiellen Entwicklung verholfen hatte. Wie der Laizismus, die Trennung von Religion und Gesellschaft, sollte der Nationalismus in den Dienst der Modernisierung gestellt werden.

Tatsächlich gehörten die Türken als die Herren im Reich zu den letzten, die zur „Nation" fanden. Seit Beginn des 19. Jahrhunderts hatten sich christliche „Nationen" aus dem Reich gelöst. Die Türken (wie die Kurden, mit denen die Türken in Anatolien zusammenlebten, auch) besaßen demgegenüber bis zur kemalistischen Revolution nicht einmal eine einheitliche Bezeichnung von sich selbst. Als *Osmanlı*, das heißt Osmanen, bezeichneten sich die Eliten in den Städten und die Feudalherren. Nur langsam und unter ausländischem Einfluß entdeckten die Türken gegen Ende des Jahrhunderts ihre „nationale" Identität. Erst nachdem die kemalistische Revolution der türkischen Nation ihren politischen Ausdruck gegeben hatte, sollte sich das ganze „Volk" selbst als „Türke" bezeichnen. Dies aber sollte nunmehr für alle „Muslime" Anatoliens gelten: Türken und Kurden.

Die Türkei wird heute von ihrer Geschichte eingeholt. So ist zum einen der Islam wieder zu einem Faktor gesellschaftlicher und politischer Entwicklung geworden. Daneben ist zum anderen der durch Jahrhunderte gegebene multiethnische und multikulturelle Charakter Anatoliens wieder zutage getreten. Die Türkei kann nicht länger als Staat ausschließlich der Türken (ggf. sunnitischer Religion) verstanden werden. Kurden und Aleviten suchen einen sichtbaren Platz in der Gesellschaft des Landes. Die Tatsache, daß ihnen dieser lange verweigert wurde, hat zu Konflikten geführt, die begonnen haben, das Gesicht der Türkei zu verändern.

Die Entwicklungen der letzten Jahre haben deutlich gemacht, daß sich zwischen der türkischen Mehrheit und einer *kurdischen Minderheit* im Lande ein wachsender Graben auftut. Seit der Staatsgründung hat die türkische Staatselite systematisch zu leugnen gesucht, daß es Kurden als ein ethnisch, sprachlich und kulturell eigenständiges Volk auf dem Gebiet des neuen Staates gibt. Mit zum Teil kuriosen Argumenten wurde die Tatsache weggeredet, daß innerhalb der türkischen Staatsgrenzen Millionen von Menschen leben, deren Muttersprache nicht das Türkische ist und deren kulturelle Traditionen eigene Wurzeln haben.

In der Tat hat es bis zum Beginn dieses Jahrhunderts für die osmanische Staatsführung ein „Kurdenproblem" kaum gegeben. Im Lichte historischer Quellen zieht erst die Revolution von 1908 die Kurden ins politische Leben des ausgehenden Osmanischen Reiches hinein: Kurdische Zeitungen, Zeitschriften, Clubs beginnen wie Pilze aus dem Boden zu schießen. Dabei traten nur am Rande kurdisch-nationalistische Organisationen für einen separatistischen kurdischen Nationalismus ein. Den Alliierten erschienen die Kurden während des Ersten Weltkrieges aufgrund ihrer Beteiligung an den Vernichtungsmaßnahmen gegen die Armenier als nicht befreiungsbedürftig. Erst die Rede des britischen Premierministers Lloyd George vom 18. 11. 1918 vor dem Unterhaus zählte nunmehr auch die Kurden unter den Völkern auf, deren Befreiung vom türkischen Joch sich die britische Orientpolitik als vornehmstes Ziel gesetzt habe. Britische Vorstellungen fanden im Vertrag von Sèvres ihren Niederschlag: Auf dem Boden Anatoliens sollte neben Teilen eines armenischen Staates südlich seiner Grenze und nördlich der mesopotamisch-(später irakisch)-syrischen sowie östlich einer noch festzulegenden türkischen Grenze ein kurdisches Territorium eingerichtet werden, dem binnen Jahresfrist ein autonomer, unter bestimmten Bedingungen sogar unabhängiger Status eingeräumt werden sollte. Die Bemühungen schlugen fehl, denn die breite Masse des kurdischen Volkes war sich mehr ihrer Zugehörigkeit zum Islam als eines nationalen Daseins bewußt. Sie blieben Untertanen des Sultans und Kalifen in Istanbul, der noch immer die Existenz eines islamischen Staatswesens, nicht eines türkischen Nationalstaates, manifestierte. Mustafa Kemal hat diese Stimmung bei der Mobilisierung zum Befreiungskampf geschickt ausgenutzt. Tatsächlich gab es damals noch keine „kurdische Frage“. Mustafa Kemal hatte keine Schwierigkeiten, seine Autorität in den kurdischen Landesteilen durchzusetzen. Türken und Kurden führten den „Befreiungskampf“ gegen den gemeinsamen Feind zunächst noch wesentlich im Zeichen der Erhaltung einer islamisch legitimierten Herrschaft über die Türkei.

Erst die Jahre 1923/24 markierten die Wasserscheide, an der sich Türken und Kurden auseinanderzuleben begannen. In den die Minderheiten betreffenden Klauseln des Lausanner Vertrages fanden sich ausdrücklich nur noch die nicht-muslimischen religiösen Minderheiten berücksichtigt. Der Vertrag garantierte allen türkischen Staatsbürgern Religions- und Meinungsfreiheit sowie die Gleichheit ohne Unterschied der Religion vor dem Gesetz. Weiterhin sicherte Artikel 39 allen türkischen Staatsbürgern den ungehinderten Gebrauch nichttürkischer Sprachen im privaten und öffentlichen Verkehr zu. Nicht-turksprachigen Staatsbürgern sollten angemessene Erleichterungen beim mündlichen Gebrauch ihrer Sprache vor Gericht gewährt werden. Hierbei handelte es sich um die einzige Stelle im Vertragstext, die auch auf die Kurden bezogen werden konnte, welche aber namentlich nicht erwähnt wurden.

Im Jahre 1922 war unter der Bezeichnung *Gesellschaft zur Befreiung der Kurden (Kürt istiklal cemiyeti)* eine Organisation gegründet worden, in der sich ehemalige kurdische Offiziere, Scheichs, Stammesführer und einige städtische Notabeln aus dem Osten des Landes zusammenfanden. 1923 umbenannt in *Jimiyata Azadiya Kurd*, kurz *Azadî* (Freiheit), bereitete diese Organisation einen allgemeinen Aufstand in den ostanatolischen Provinzen der Türkei vor. Als prominenten und einflußreichen Anführer hatte *Azadî* Scheich Said aus Palu für ihre Sache gewinnen können. Der Aufstand, der am

13.12.1925 ausbrach, konnte relativ leicht von der türkischen Armee niedergeschlagen werden.

Auf der Suche nach den Motiven für den Aufstand wird man neben religiösen auch politische und wirtschaftliche Faktoren finden. Die 1923 eingeleiteten Reformen mußten sich tiefgreifend auf die kurdische Gesellschaft im Osten Anatoliens auswirken. Wie stark aber waren die nationalistischen Motive des Aufstandes? Während sie für die Masse der Aufständischen eine untergeordnete Rolle gespielt haben dürften, dachten seine Planer eindeutig in nationalistischen Kategorien. Sie kleideten ihr Anliegen vor allem aus pragmatischen Motiven in ein religiöses Gewand. Der türkische Staat reagierte mit harter Hand. Die Politik der Türkifizierung im kurdischen Anatolien wurde forciert; die Macht in Ankara zentralisiert.

Die militärische Auseinandersetzung war begleitet von anderen Maßnahmen, die darauf gerichtet waren, ein kurdisches Volkstum zu vernichten. Dazu gehörten Deportationen aus den kurdischen Regionen und die Ansiedlung von Türken ebendort sowie die Verbreitung der türkischen Sprache im Südosten, die Einführung von türkischen Familiennamen und die Türkisierung der Ortsnamen. Für ein halbes Jahrhundert ab 1938 sollte ein „kurdisches Problem" für die türkische Staatsführung nicht mehr bestehen. Die Kraft der Kurden, sich zu erheben, war erschöpft; viele wanderten seit Beginn der sechziger Jahre in die Städte im Westen des Landes ab, um dort mit der einsetzenden Industrialisierung ihren Lebensunterhalt zu verdienen. Auf der anderen Seite bot der türkische Staat kurdischstämmigen Bürgern die Chance des Aufstiegs in allen Bereichen von Staat, Gesellschaft, Wirtschaft, Kultur usw., wenn sie bereit waren, sich vollständig zu assimilieren und ihre kurdische Identität aufzugeben. Kurden und Türken wurden ununterscheidbar. Zugleich wurden kurdische Gesellschaftsstrukturen in das politische Leben des Staates eingebunden: Die Stammesführer, Clanchefs und Großgrundbesitzer (*Ağa*) wurden Vertreter der politischen Parteien. Sie saßen als Abgeordnete im Parlament in Ankara, repräsentierten den türkischen Staat „im Osten" und stellten sicher, daß das

Stammesvolk „richtig“ wählte. Dafür akzeptierte der Staat die bestehenden Herrschafts- und Besitzverhältnisse.

Als am 15.8.1984 eine bis dahin kaum bekannte Gruppe aus dem extremistischen linken Parteienspektrum bei einem Anschlag im Südosten der Türkei zwei türkische Soldaten ermordete, war wohl kaum einem bewußt, daß hier ein neues Kapitel der kurdischen Frage aufgeschlagen worden war. Die *Kurdische Arbeiterpartei (PKK)* war 1978 im Rahmen der Revolutionären Kulturvereinigung des Ostens gegründet worden. Ziel der Aktivitäten der Gruppe waren die Abschaffung der feudalen Verhältnisse in Kurdistan und die Gründung einer unabhängigen sozialistischen Kurdenrepublik mit der Hauptstadt Diyarbakır. Ein Teil der PKK-Führung hatte sich vor den Verhaftungen nach dem September 1980 ins Ausland absetzen können. Abdullah Öcalan, der Gründer und bis zu seiner Festsetzung im Februar 1999 nahezu unbestrittene Führer der Organisation, begab sich nach Syrien und dem Libanon. Zur Finanzierung der Partei ging man verstärkt zu Drogenhandel und -schmuggel sowie zur Eintreibung von Abgaben unter den aus der Türkei stammenden Kurden in Europa über. Ende der achtziger Jahre erweiterte die PKK ihre terroristischen Aktivitäten in eine systematische Guerillatätigkeit. Auf der anderen Seite eskalierten auch die Übergriffe der türkischen Sicherheitskräfte, die ihrerseits zunehmend flächendeckend Repressalien ausübten. Dies, die Ermordung Unbeteiligter und schließlich die Ausweisung von Personen aus der Region, die Evakuierung von Dörfern und die Zerstörung von Ortschaften, denen die Unterstützung der PKK nachgesagt wurde, führten mit den Jahren zu einer zunehmenden Identifizierung immer breiterer Teile der kurdischen Bevölkerung im Osten und Südosten des Landes mit den Kämpfern in den Bergen.

Die terroristische Herausforderung des türkischen Staates im Namen der „kurdischen Frage“ hat die politische Klasse des Landes gezwungen, die Tabu-Schwelle deutlich zu senken. Es war Turgut Özal, der die Wirklichkeit beim Namen nannte. Als Hunderttausende von Kurden nach Abschluß des zweiten Golfkrieges im März 1991 von den Republikanischen Garden des irakischen Diktators Saddam Husain an und über die türkischen Grenzen getrieben wurden und von der Türkei aus versorgt werden mußten, setzte er eine Diskussion über das Kurden-Problem im eigenen Land in Gang. Am 12.4.1991 wurde im Zusammenhang mit der Verabschiedung des „Antiterrorgesetzes" das Sprachenverbot abgeschafft. Eine Hinterlassenschaft der Generäle, hatte es die Benutzung aller Sprachen verboten, die nicht Amtssprache eines von der Türkei anerkannten Staates waren. Überflüssig zu sagen, daß vor allem das Kurdische betroffen war, das in keinem Land erste Amtssprache ist.

Der Tod Özals im April 1993 bedeutete auch mit Blick auf die kurdische Frage einen Rückschlag. Die militärische Repression begann zu eskalieren. Die Entscheidung, im März 1995 in der kurdischen Schutzzone im Irak zu intervenieren, um die dortigen PKK-Stellungen und -Stützpunkte zu zerstören, war nur die logische Schlußfolgerung dieser Eskalation. Ein weiterer schwerer Fehler war die Verfolgung von kurdischen Angehörigen des Parlaments in Ankara. Im Juli 1990 gründete sich die Volksarbeitspartei *(Halkın Emek Partisi, HEP)*, deren Kern aus der *Sozialdemokratischen Volkspartei (SHP)* ausgeschlossene bzw. ausgetretene kurdische Parlamentarier bildeten. Der wachsenden Frustration über die Regierungspolitik und der sich verschärfenden Polarisierung zwischen Türken und Kurden fiel die Partei schließlich zum Opfer. Immer unverhohlener ließen Abgeordnete der Partei Sympathie und Verständnis für den Kampf der PKK erkennen. Am 14.7.1993 verbot das Verfassungsgericht die HEP wegen „separatistischer Propaganda". Auch die Nachfolgeorganisation *Demokratie-Partei (Demokrasi Partisi, DEP)* war kurzlebig. Anfang Mai 1994 beschloß das Parlament, die Immunität der DEP-Abgeordneten aufzuheben. Am 16.6. wurde die Partei verboten. Einigen Abgeordneten gelang die Flucht nach Europa; acht andere wurden in einem Prozeß, der im Ausland mit großem Interesse verfolgt wurde, am 8.12. zu hohen Freiheitsstrafen verurteilt. Mittlerweile freilich hatte sich eine neue kurdische Partei, die *Volksdemokratie-Partei*

(Halkın Demokrasi Partisi, HADEP) konstituiert und am 26.6. ihren ersten Kongreß abgehalten.

Die kurdische Frage hat die türkische Gesellschaft zutiefst vergiftet und gespalten. Die Einsicht, daß der Konflikt eine Gefahr für die Stabilität des Landes darstellt, die wirtschaftliche Entwicklung behindert und die Türkei zu isolieren droht, ist weit verbreitet. Nicht nur Menschenrechtsgruppen mahnen eine politische Lösung an. Auch aus Teilen der türkischen Wirtschaft kommt Kritik; und türkische Zeitungen und Zeitschriften kritisieren die Regierungspolitik. Sie fordern eine politische Lösung durch eine radikale Demokratisierung von Staat und Gesellschaft.

Am 16.2.1999 gelang es nach einer internationalen Verfolgungsjagd – im Oktober 1998 hatte er auf türkischen Druck hin Syrien den Rücken kehren müssen –, PKK-Chef Abdullah Öcalan nach Verlassen der griechischen Botschaft in Nairobi zu fangen und in die Türkei zu verbringen. Dort gingen die Wogen des Nationalismus hoch; Regierung, Militärs, Medien und weiteste Teile der Öffentlichkeit waren überzeugt, daß damit die PKK auch militärisch besiegt sei. Der Prozeß gegen den Kurdenführer im Juni 1999 verlief fairer und rechtsstaatlicher als dies zunächst befürchtet worden war. Zwar endete er erwartungsgemäß mit einem Todesurteil, doch wurde seine Vollstreckung ausgesetzt. Hier und da war sogar zu hören, Ankara werde das Urteil des Europäischen Gerichtshofs für Menschenrechte anerkennen, den die Anwälte Öcalans angerufen hatten.

Ursache für diese überraschende Flexibilität war nicht allein der erhebliche internationale Druck, von der Hinrichtung Öcalans Abstand zu nehmen. Dieser selbst machte vielmehr seinen zunächst noch ungebrochenen Einfluß auf die PKK geltend, die Kämpfer zur Niederlegung der Waffen und zur Annahme einer Friedensstrategie zu bewegen. Mit erstaunlicher Disziplin ist die Organisation Öcalan darin gefolgt; im Februar 2000 hat ihre Führung noch einmal ausdrücklich den neuen Kurs bestätigt. Im April 2002 schließlich stellte die PKK-Führung fest, daß die PKK mit ihren Errungenschaften und

Fehlern ihre historische Mission erfüllt habe und daher mit dem 4.4.2002 alle ihre Aktivitäten einstelle. Einziger und legitimer Nachfolger der PKK sei der *KADEK (Kongreya Azadî u Demokrasiya Kurdestan – Freiheits- und Demokratiekongreß Kurdistans)* unter dem Vorsitz von Abdullah Öcalan. Der KADEK strebe die Einheit des kurdischen Volkes mit seinen Nachbarvölkern auf freiwilliger Basis und mit den Methoden des friedlichen Volkskampfes an. Im Frühjahr 2003 blieb unklar, ob sich die türkische Staatselite auf die historische Aufgabe einläßt, die Kurdenfrage politisch zu lösen. Die Signale waren widersprüchlich. Auf der einen Seite wurde im Rahmen der Verfassungsänderungen vom August 2002 ein wichtiger Schritt getan: Zulässig sind nunmehr Hörfunk- und Fernsehsendungen „in verschiedenen Sprachen und Dialekten, die traditionell von türkischen Bürgern im Alltag benutzt werden". Desgleichen dürfen in privaten Lehreinrichtungen jetzt auch Kurse in diesen Sprachen und Dialekten abgehalten werden. Auf der anderen Seite verbot das Verfassungsgericht in Ankara am 13.3.2003 nach einem langen Verfahren die *Demokratiepartei des Volkes (HADEP)*. Unmittelbar nach der Urteilsverkündung erhob die Generalstaatsanwaltschaft Klage gegen die *Demokratische Volkspartei (DEHAP)* und beantragte auch deren Verbot. Das Verbot der 1994 gegründeten HADEP begründete das Gericht damit, daß die Partei die verbotene PKK unterstützt und mit ihren Aktivitäten die territoriale Integrität und die Einheit des Staates gefährdet habe.

Von der weit überwiegenden Mehrheit der Kurden wird die Lösung der kurdischen Frage im Rahmen der Türkei angestrebt. Tatsächlich konnte und kann ein „Kurdenstaat" kein realistisches Konzept für eine Lösung der kurdischen Frage sein. Nicht nur, weil er in der ganzen Region auf entschlossenen Widerstand stößt und international kaum Unterstützung erfährt. Vielmehr haben sich durch die Wanderungsbewegungen der letzten Jahrzehnte Türken und Kurden zunehmend vermischt. Das gilt im besonderen für die großen Städte im Westen des Landes wie Istanbul oder Izmir, aber auch für Ankara und Adana. Zwar gibt es naturgemäß keine verläßlichen Zahlen. Verbreitete Schätzungen aber besagen, daß mindestens die Hälfte aller Kurden in der Türkei (ca. 12–15 Mio.) außerhalb der Kurdenprovinzen im Osten und Südosten des Landes lebt. Die Anerkennung kultureller Rechte für die Kurden bzw. die Schaffung föderaler Strukturen wären Schritte, mit denen sich realistisch der Anspruch einer wachsenden Zahl von Kurden, eine eigene Identität zu demonstrieren, mit dem Anspruch des türkischen Staates auf Wahrung seiner territorialen Integrität verbinden ließe.

Gewalttätige Ereignisse in den neunziger Jahren haben offenkundig werden lassen, daß die türkische Gesellschaft durch eine weitere Verwerfung gekennzeichnet ist: zwischen radikalen Sunniten auf der einen und Angehörigen der *alevitischen Glaubensgemeinschaft* auf der anderen Seite, die durchweg politisch dem kemalistisch-laizistischen, ja linken Lager zuzurechnen sind.

Die Aleviten bilden nach den sunnitischen Muslimen die zahlenmäßig größte Religionsgemeinschaft. Jeder fünfte Bewohner der Türkei bekennt sich zum Alevitentum. Aleviten leben über das ganze Land verteilt, doch liegen die Siedlungsschwerpunkte im Osten Zentralanatoliens. Das Alevitentum ist das Ergebnis einer religionsgeschichtlichen Entwicklung. Deutlich sind christliche und gnostische Schichten in der alevitischen Religion zu erkennen. Am auffallendsten aber sind zugleich radikal schiitische Züge, die in der Vergöttlichung Alis gipfeln, des Vetters und Schwiegersohns des Propheten Mohammed.

Das Alevitentum war im 13. Jahrhundert in Anatolien als die Volksreligion der ländlichen Bevölkerung und der nomadisierenden Turkmenenstämme entstanden. Geprägt ist es von den Bruderschaften, die mit ihrer volkstümlichen Mystik und Wanderderwischen den religiösen Grundbedürfnissen der einfachen Bevölkerung mehr entgegenkamen als der orthodoxe Islam mit seiner Gesetzestreue und Schriftgläubigkeit. Eng waren zunächst die religiösen und politischen Beziehungen zum Orden der – iranischen – Safawiden. Nach der Niederlage des safawidischen Schahs Ismail gegen die Osmanen bei Çaldıran im Jahre 1514 fand die Mehrheit der anatolischen Aleviten eine neue geistige Leitung im Orden des Mystikers Haci Bektaş Veli, den Bektaşis. Dieser Orden war im 13. Jahrhundert von dem aus Khorasan (im heutigen Nordost-Iran) stammenden Haci Bektaş gegründet worden und hatte sich über ganz Anatolien ausgebreitet.

Die Aleviten ignorieren die „Fünf Säulen" des Islam. Den Koran legen sie nicht nach den Buchstaben aus, sondern deuten ihn mystisch. An die Stelle der Einheit Gottes setzen sie die Trinität Allah-Ali-Mohammed. Der Mensch, der im Zentrum ihrer Frömmigkeit steht, soll nicht Sklave Gottes sein, sondern seine vollkommene Schöpfung, die autonom und selbstverantwortlich handelt. Sie beten nicht in einer Moschee, sondern treffen sich zu kultischen Handlungen in einem Gemeindehaus (*Cemevi*), Männer und Frauen nehmen daran gleichberechtigt teil. Kultelemente sind religiös inspirierte Gedichte und rituelle Tänze. In der osmanischen Epoche galten die Aleviten als „Häretiker", sie wurden marginalisiert, ja verfolgt.

Die Republik Türkei brachte den Aleviten innerhalb des laizistischen Systems Glaubensfreiheit und die Anerkennung als gleichberechtigte Bürger. Atatürk hob Institutionen wie die *Şeriat-Gerichte* auf, die für die Verfolgung der Aleviten mitverantwortlich waren. Andererseits freilich traf das 1925 von Atatürk verhängte Verbot der Bruderschaften und deren Klöster auch die Aleviten: Es wurden ihnen ihre wichtigsten Versammlungsorte genommen. Dieses hatte um so nachhaltigere negative Auswirkungen, als sie über keine anderen institutionalisierten Treffpunkte und Strukturen verfügten. Nach dem Zweiten Weltkrieg wurden die entlegenen Provinzen der Aleviten an die Infrastruktur der restlichen Türkei angebunden. Das löste eine Abwanderung der jahrhundertelang geschlossenen Gemeinschaft in die Städte aus. Bis in die allerjüngste Gegenwart hinein war das Alevitentum somit von der Auflösung seiner Identität bedroht. Hinzu kam ein starker Druck in Richtung auf die Sunnitisierung der Aleviten durch die Religionsbehörde der offiziell laizistischen Türkei.

Die Polarisierung der türkischen Politik in den sechziger Jahren gab der Säkularisierung des Alevitentums einen entscheidenden Schub. Die in die Städte gezogenen Jugendlichen interpretierten die alevitischen Traditionen der Gruppensolidarität und der Opposition gegen staatliche Unterdrückung als Vorläufer des Sozialismus. Aleviten schlossen sich revolutionären linken Ideologien an. Sie deuteten ihre Identität nunmehr säkular im Zusammenhang mit Laizismus, Toleranz und Fortschritt. Die konservative sunnitische Mehrheit, die die Aleviten in der Geschichte als „Ketzer" abgelehnt hat, brandmarkte sie als „Kommunisten". 1993 kamen in Sivas 37 Menschen ums Leben, als radikale Islamisten ein Hotel anzündeten, in dem sich alevitische Intellektuelle und Künstler trafen. 1995 kam es im Istanbuler Stadtteil Gaziosmanpaşa zu tagelangen blutigen Zusammenstößen, als Unbekannte mit Schüssen auf Teehäuser, die von Aleviten besucht wurden, zwei Menschen töteten.

Die alevitischen Zuwanderer, die in den sechziger und siebziger Jahren in die Großstädte gezogen waren, haben den sozialen Aufstieg meist geschafft. Es entstand eine alevitische Mittelschicht, die Anwälte, Ingenieure, Unternehmer, Journalisten und ähnliche Berufe hervorbrachte. Ihnen fallen bei der Neuorganisation der Gemeinschaft heute Führungsaufgaben zu. Zahlreiche Aleviten bekennen sich öffentlich zu ihrer Identität und zu ihrem lange geheimgehaltenen Glauben. Konservative und nationalistische Aleviten behaupten, das Alevitentum habe den „wahren" Islam der Türken geschaffen, ihr Islam entspreche den Eigenheiten der Türken mehr als die den Arabern entlehnte Orthodoxie. Die Zahl der Buchveröffentlichungen alevitischer Autoren steigt inflationsartig an. Die Auseinandersetzung mit der Identität ist in vollem Gange.

Die gespaltene Wirtschaft

Die wirtschaftliche Hinterlassenschaft des Osmanischen Reiches war nicht weniger ein Fiasko als die politische. Das Osmanische Reich hatte nur agrarische Rohstoffe exportiert,

Industrieprodukte und zahlreiche Nahrungsmittel mußte es importieren. Auf Industrie und Handwerk waren 1913 lediglich 13% seines Sozialprodukts entfallen. Das Land war verkehrsmäßig kaum erschlossen. Das gesamte Eisenbahnnetz hatte 1923 nur eine Länge von 3756 km. Die Landwirtschaft litt unter der fehlenden Infrastruktur. Die Erträge waren niedrig; die Ursache dafür lag in einem Mangel an technischen Möglichkeiten und Fachkräften. Ausländische Unternehmen bauten die Rohstoffe ab, ausländische Finanzhäuser dominierten das Bankwesen, und als Folge des Staatsbankrotts von 1875 hatte das Reich einen Teil seiner Finanz- und Rechtshoheit den europäischen Mächten übertragen.

Nach Ausrufung der Republik begann 1923 eine Phase des wirtschaftlichen Aufbaus. Mit der staatlichen Souveränität erlangten die Türken auch ihre wirtschaftliche Handlungsfreiheit und die Finanzhoheit zurück. Die türkische Staatsführung setzte zunächst auf eine liberale Wirtschaftsordnung. Der Staat hielt sich aus der Wirtschaft zurück, er baute lediglich die Eisenbahn und Häfen aus und gründete einige staatliche Monopolbetriebe. Von 1923–1930 wuchs die türkische Wirtschaft jährlich um 11%. Insgesamt freilich blieben die Ergebnisse enttäuschend, und die Weltwirtschaftskrise lastete schwer auf den Entfaltungsmöglichkeiten der jungen Volkswirtschaft. So mußte der Staat selbst als Promoter der Wirtschaft auftreten, ein Schritt, der von 1932 an entschlossen getan wurde. Der Etatismus wurde eines der Prinzipien des Kemalismus. Die neue interventionistische Wirtschaftspolitik zielte auf die Substitution der Importgüter durch einheimische Produkte; Zölle schützten die nicht wettbewerbsfähigen Unternehmen. 1934 lief in der Türkei der erste Fünfjahresplan außerhalb der Sowjetunion, die dazu Kredite bereitstellte, an.

Erst als die DP 1950 die Regierungsverantwortung übernahm, erlebte die Landwirtschaft einen Aufschwung. Der Staat gewährte für Agrarprojekte zinsgünstige Kredite, die Produkte kaufte er zu hohen Garantiepreisen ab. Dabei stieg der Lebensstandard der ländlichen Bevölkerung, eine einsetzende Mechanisierung setzte Arbeitskräfte frei. Die Lawine der Landflucht kam langsam ins Rollen.

Nach 1960 erholte sich die Wirtschaft wieder. Hatte die Regierung Menderes wirtschaftspolitische Entscheidungen gegen Ende eher mit kurzfristigen Zielen im Blick getroffen, setzte die neue Regierung der CHP wieder auf staatliche Globalplanungen. 1960 wurde das Staatliche Planungsamt (*Devlet Planlama Teşkilatı, DPT*) gegründet.

Einen radikalen Wechsel ihrer Wirtschaftspolitik vollzog die Türkei Anfang der 80er Jahre. Am 24.1.1980 verkündete die Regierung Demirel ein umfassendes Programm zur Sanierung der Wirtschaft, an dessen Ausarbeitung der internationale Währungsfonds beteiligt war. Mit seiner Umsetzung wurde Turgut Özal betraut, der von 1967–1971 dem Staatlichen Planungsamt vorgestanden hatte und danach drei Jahre bei der Weltbank tätig gewesen war. Mit dem beschlossenen Paket war in der türkischen Wirtschaftspolitik eine fundamentale Wende eingeläutet: Marktwirtschaft und Exportorientierung traten an die Stelle von Dirigismus und Importsubstitution. Die Maßnahmen umfaßten u.a. die Abwertung der türkischen Lira um 50 % und die Freigabe des Wechselkurses, die Liberalisierung des Außenhandels und die Förderung des Exports. Erfolgreich umwarben sie die ausländischen Investoren, die die Türkei bisher gemieden hatten; sie hoben die Bankzinsen über die Inflationsrate an, so daß sich das Sparen wieder lohnte.

Turgut Özals radikale Reformen haben die Türkei in wenigen Jahren von einem Agrarland in eine Volkswirtschaft mit einer rasch wachsenden Industrie transformiert, von einem Entwicklungs- in ein Schwellenland. Erfolgreich war besonders die Förderung der Exporte. Sie stiegen von 2,9 Mrd. (1980) auf 11,7 Mrd. Dollar (1988). Der Anstieg wurde nahezu ausschließlich mit industriell erzeugten Gütern erzielt; die Palette reichte von Textilien über Lederwaren bis zu Eisen und Stahl. In den Jahren 1980–1987 wies die türkische Wirtschaft die höchste Wachstumsrate der OECD-Staaten aus; pro Jahr wuchs sie real um 5,4 %. Im selben Zeitraum ging der Anteil der Landwirtschaft am Bruttoinlandsprodukt von 21,4 % weiter auf 16,7 % zurück, die Industrie verdoppelte sich fast von 19,8 % auf 36,2%. In der Landwirtschaft, die ihre Produkte immer mehr auf dem Markt anbot, waren 1987 gleichwohl noch immer 55 % der Erwerbsbevölkerung beschäftigt, die aber nur ein Fünftel des Bruttosozialprodukts erwirtschafteten. In der Industrie fanden jetzt 14,3 % der Erwerbstätigen Arbeit.

Nach Jahren eines kontrollierten wirtschaftspolitischen Kurses kehrte die Türkei ab 1987 auf alte populistische Pfade zurück. In jenem Jahr stimmten 50,16 % der Türken für die vorzeitige Rückkehr der „alten Politiker", über die die Generäle 1980 ein zehnjähriges Politikverbot verhängt hatten. Auch Süleyman Demirel, der politische Ziehvater und spätere Rivale Özals, betrat wieder die politische Bühne. Das Buhlen um den Wähler ließ die Inflation nach 1987 drastisch ansteigen.

Angesichts der chronischen Schwäche der türkischen Regierungen blieben auch in den neunziger Jahren durchgreifende Strukturreformen zur Sanierung der türkischen Wirtschaft und insbesondere der öffentlichen Finanzen auf der Strecke. 1996 flossen 63 % aller Einnahmen (ohne Kreditaufnahmen zur Defizitdeckung) in Zinszahlungen, in Löhne und Gehälter nur 25 % und in Investitionen lediglich 3%. 1996 mußte die öffentliche Hand (Zentralregierung und Gebietskörperschaften ohne Staatsbetriebe) Nettokredite in Höhe von 9,9 % des Bruttosozialprodukts aufnehmen. Finanziert wurde der Kreditbedarf des Staates im wesentlichen über die Druckerpresse. Das heizte die Inflation an.

Wenn das Bruttosozialprodukt trotz des wirtschaftspolitischen Stillstandes 1995 um 8,1 %, 1996 um 7,9 % und 1997 um 6,0 % (1998 waren es nur 3,9 %) wuchs, so ist dies einer boomenden türkischen Privatwirtschaft zu danken. Die erste Generation der türkischen Unternehmer war noch eng mit der Politik und der Wirtschaftsbürokratie verwoben; ihre Betriebe hatten von den hohen Zollschranken und einem ausgeklügelten Subventionssystem profitiert. Unter den Bedingungen des internationalen Wettbewerbs war in den achtziger Jahren eine zweite Generation türkischer Unternehmer herangewachsen. Sie haben ihre Ausbildung meist an ausländischen Eliteuniversitäten erhalten; sie stellen sich dem Wettbewerb und rufen nicht nach staatlichen Hilfen.

Insgesamt hat sich die türkische Wirtschaft in den neunziger Jahren tiefgreifend verändert. Die Agrarnation Türkei ist kein Selbstversorger mehr. 1995 schloß der Außenhandel mit Agrarprodukten erstmals seit vielen Jahren mit einem Defizit ab. Von 1968 bis 1996 ging der Anteil der Landwirtschaft am Bruttosozialprodukt von 39,8 % auf 16,8 % zurück. Ein Blick auf die Exportstruktur verdeutlicht in der Tat den Weg, den die Türkei zurückgelegt hat: Mitte der neunziger Jahre entfielen nur noch 7 % des Exports auf Agrarprodukte, 91 % auf industriell verarbeitete Güter; Textilien und Bekleidung führen mit einem Anteil von 37 % die Liste an. Als Folge der expandierenden Industrialisierung ist die Nachfrage nach Energie in den letzten Jahren um durchschnittlich 10 % gewachsen. Da die Türkei aus eigener Produktion nur etwa ein Drittel der erforderlichen Energiemenge erzeugen kann, werden erhebliche Kapazitäten an Elektrizität aus Iran, Bulgarien und Georgien eingeführt. Darüber hinaus sind langfristige Lieferverträge für Erdgas u.a. mit Rußland, Iran und Turkmenistan geschlossen worden. Einer der wichtigsten Zweige der Dienstleistungsbranche ist der Tourismus. 1980 waren erst 1,3 Mio. Urlauber in die Türkei gekommen; 1996 aber 8,5. Sie haben 5,7 Mrd. Dollar an Devisen in das Land gebracht.

Ein Projekt, das sich nachhaltig auf die wirtschaftliche Kapazität des Landes auswirken wird, ist das *Südostanatolien-Projekt*. Es wurde Ende der sechziger Jahre entworfen und soll mit seinen 22 Dämmen und 19 Wasserkraftwerken im Bereich von Euphrat und Tigris den wachsenden Energiebedarf decken. In den achtziger Jahren ging das Projekt in ein integriertes Entwicklungsprojekt über. Heute soll das Vorhaben, in das der türkische Staat am Oberlauf von Euphrat und Tigris 32 Mrd. Dollar investiert, in erster Linie dazu beitragen, die Unterentwicklung der Region zu überwinden. Das Projekt erstreckt sich in der nördlichen Ebene Mesopotamiens auf eine Fläche von 75 000 km^2, es ist damit so ausgedehnt wie die drei Benelux-Staaten. Die Landwirtschaft sowie Textil- und Nahrungsmittelbetriebe sollen 1,3 Mio. neue Arbeitsplätze schaffen und damit die Zahl der Stellen in Südostanatolien gegenüber 1985 nahezu verdoppeln.

Trotz einer relativ dynamischen wirtschaftlichen Entwicklung hat die Türkei noch immer mit für ein Entwicklungsland typischen Problemen zu kämpfen. So ist der türkische Staat aufgrund der leeren Kassen immer weniger in der Lage, Sozialleistungen bereitzustellen. Eine Arbeitslosenversicherung ist erst im Entstehen begriffen; unzulänglich funktionierende Sozialversicherungen gibt es für Arbeitnehmer, Staatsbedienstete und Selbständige. Ausgeprägt sind auch noch immer starke Unterschiede bei der Einkommensverteilung. 1994 entfielen auf die 20 % der ärmsten Haushalte 4,9 % des Volkseinkommens, auf das folgende Fünftel 8,6 %, auf das mittlere Fünftel 2,6 %, auf das vierte 19 %; auf das letzte und reichste jedoch 54,9 %. Das auf der Grundlage des registrierten Sozialprodukts ermittelte Pro-Kopf-Einkommen erreichte 1994 für das ärmste Fünftel landesweit 529 Dollar, für das mittlere Fünftel 1361 Dollar und für das reichste 5932 Dollar. In der Türkei liegt das Pro-Kopf-Einkommen des reichsten Fünftels 11,2mal über dem niedrigsten (in Deutschland 5,7mal).

Daneben ist ein starkes Wohlstandsgefälle von West nach Ost zu registrieren. Die Wirtschaftskraft der Türkei liegt überwiegend im westlichen Landesteil. 1995 hat Istanbul 21,2 % des Bruttoinlandsprodukts erwirtschaftet, das ist soviel wie die 51 der damals 79 Provinzen am unteren Ende der Liste zusammen. Auf die 10 reichsten Provinzen entfallen 59,4 % des Bruttoinlandsprodukts, auf die 10 ärmsten, die alle in Ostanatolien liegen, zusammen 1 %. Von den 10 reichsten der damals 79 türkischen Provinzen liegen 7 am Marmarameer und 2 an der Ägäis, also alle im Westen des Landes; hinzu kommt die Hauptstadt Ankara. Andererseits befinden sich alle der 10 ärmsten Provinzen in Ostanatolien.

Am 1.1.1996 ist die Zollunion zwischen der Türkei und den EU-Staaten in Kraft getreten. Dabei handelt es sich um ein rein wirtschaftliches Abkommen. Zwischen beiden Seiten sind die Zollschranken gefallen, die Türkei hat ihre Wirtschaftsgesetzgebung weitgehend an die Europas angepaßt. Bereits 1996 hat das Handelsvolumen zwischen der EU und der Türkei von 27 Mrd. auf 36 Mrd. Dollar zugenommen; 1998 lag es bei 50,5 Mrd. Dollar. Türkische Befürworter der Zollunion erhoffen von der wirtschaftlichen Integration mit Europa einen dreifachen Nutzen: (1) Einen Exportschub, insbesondere nach der Aufhebung der früheren Einfuhrquoten auf türkische Textilien und Bekleidung; (2) Ausländische Investoren, die den europäischen Markt beliefern wollen, sollen in die Türkei gelockt werden. Sie schaffen neue Arbeitsplätze, die den Verlust der Stellen kompensieren, der durch die steigenden Importe aus Europa entsteht; (3) Die Zollunion soll die Transformation der achtziger Jahre fortsetzen und aus der Türkei eine international wettbewerbsfähige Wirtschaft formen.

Mit der Zollunion war zunächst die Befürchtung verbunden, weite Teile der türkischen Industrie würden unter Wellen aus der EU importierter Waren zusammenbrechen. Einige nahmen an, die Mittel- und Kleinindustrie würde „fortgefegt" werden. Andere meinten, die türkische Großindustrie könne mit ihren im Weltvergleich kleinen Serien der ausländischen Konkurrenz nicht standhalten. Die befürchteten Folgen sind aber nicht eingetroffen. In wichtigen Branchen nahmen türkische Unternehmen mit Blick auf die Zollunion hohe produktive Investitionen vor. Ausländische Direktinvestitionen nahmen zu, auch wenn es keinen großen Schub gab. Sie lagen auch im Jahr 2001 noch unter 1 Mrd. US $. Trotz aller Schwierigkeiten kann die Zollunion als ein Meilenstein auf dem Weg der Türkei zu einer international wettbewerbsfähigen Volkswirtschaft bezeichnet werden.

Im Mai 2001 formulierte die Regierung ein Stabilisierungsprogramm, das im Bereich der öffentlichen Finanzen Erfolge bewirkte – bemerkenswert war u. a. ein – zumindest zeitweiliger – Rückgang der Inflationsrate. Auch wurde mit wichtigen Strukturreformen begonnen. Dazu gehörten die Schaffung gesetzlicher Grundlagen zur Privatisierung von Staatsbetrieben und die Errichtung einer unabhängigen Zentralbank. Auch die eingeleitete Trennung von Politik und dem Management wichtiger Institutionen der Wirtschaft und Finanzen fand nicht zuletzt beim Internationalen Währungsfonds Anerkennung.

Die wirtschaftlichen Folgen der Anschläge vom 11.9.2001 waren für die Türkei zwiespältig. Wegen ihrer hohen Verschuldung, der Abhängigkeit vom derzeit weltweit stagnierenden Tourismus und der Nähe zum Mittleren Osten bekam sie die Zurückhaltung von Investoren zu spüren. Dem steht die verstärkte strategische Bedeutung gegenüber, die dem Land wahrscheinlich genügend internationale Unterstützung sichert, um seinen aktuellen Zahlungsverpflichtungen nachzukommen.

VII. Die Türkei im Spannungsfeld von Tradition und Wandel

Seit Dezember 1999 ist die Türkei offiziell Kandidat für die Vollmitgliedschaft in der EU. Mit der Verleihung dieses Status freilich wurde der türkischen Führung nachdrücklich deutlich gemacht, daß sich das Land politisch tiefgreifend zu verändern und wirtschaftlich zu entwickeln habe, bevor die Verhandlungen über den Beitritt würden beginnen können. Nicht wenige Kenner der Türkei zweifeln daran, daß die politische Elite des Landes bereit und in der Lage ist, entschiedene Anstrengungen zu unternehmen, das Land den Standards der EU in Sachen Demokratie und Menschenrechte anzupassen. Auf der anderen Seite mehren sich in der Türkei die Stimmen derer, die argumentieren, daß eine durchgreifende Europäisierung den Interessen der Türkei nicht wirklich entspreche: Eine zu weit gehende Demokratisierung destabilisiere das Land; im übrigen gelte es abzuwarten, wohin sich die EU entwickeln werde – zu einer wirklichen Gemeinschaft oder zu einem relativ lockeren Verbund von Staaten mit ähnlich gelagerten wirtschaftlichen und politischen Interessen. Mit der Entscheidung über den Status der Türkei im Hinblick auf ihre Beziehungen zur EU solle sich Ankara also Zeit lassen.

Der Kernbegriff, um den es in der Auseinandersetzung um die Zukunft geht, ist noch immer der „Kemalismus“. In dem Maße, in dem sich die Staatselite im Inneren verunsichert und von außen her unter Druck gesetzt fühlt, nimmt sie zu einem Verständnis von Kemalismus Zuflucht, der auf einen strikten türkischen Nationalismus und eine rigorose Trennung von Staat und Islam eingeengt ist. Selbst moderate Befürworter von Rechten der Kurden werden auf diese Weise zu „Separatisten“; und praktizierende Muslime, die den Islam im Rahmen der bestehenden Ordnung wieder in der Öffentlichkeit sichtbar zu machen suchen, werden zu Agenten der „Reaktion“ (*Irtica*). Der Kemalismus, der für den türkischen Staat nach seiner Gründung eine Legitimationsgrundlage darstellte, wird so zu einer polarisierenden Ideologie.

Das Grundproblem der Türkei liegt – neben den großen wirtschaftlichen Disparitäten – in der Herausforderung der Staatsideologie durch ein Wiedererwachen von Geschichte und Tradition. War der Kemalismus eine bewußte Abkehr von Geschichte und Tradition, die mit dem verrotteten Osmanischen Reich gleichgesetzt wurden, so kehrt an der Wende des Jahrhunderts der durch die Geschichte multikulturelle, multiethnische und islamische Charakter Anatoliens zurück. Die Frage ist mithin, wie die Elite damit umgehen wird: Werden die Herausforderungen im Lichte eines eng verstandenen Kemalismus ausgeblendet oder werden demokratische Lösungen zu einer in umfassendem Sinne pluralistischen Gesellschaft in der Türkei führen? Wird der türkische Staat eine Umformung von unten, d.h. aus der Gesellschaft heraus, akzeptieren? In der Vergangenheit ist Wandel stets von oben, d.h. vom Zentrum des Staates aus, verordnet worden. Kurdische und islamische Parteien werden bis in die Gegenwart von einer Mehrheit in der Staatselite eher als Bedrohung denn als Chance empfunden, die Demokratisierungsansätze der letzten Jahrzehnte zu vertiefen und auf diese Weise auch die Erwartungen Europas an die Türkei im Hinblick auf die weitere Ausgestaltung der europäisch-türkischen Beziehungen zu erfüllen. Ob es mit der Regierungsübernahme der *Partei für*

Gerechtigkeit und Entwicklung im November 2003 zu einer Neuorientierung von Staat und Gesellschaft kommen wird, muß sich erst noch erweisen.

Auch wenn sich „der Staat" – nicht ohne entscheidende Mitwirkung des Militärs – in der Regel als Sieger erwiesen hat, so kann nicht übersehen werden, daß der kemalistische Staat von einer Gesellschaft herausgefordert wird, die zunehmend pluralistisch und dynamisch geworden ist. Der wirtschaftliche Umbau seit den achtziger Jahren ist ein wesentlicher Motor dieser Veränderungen gewesen. Machtzentren sind entstanden, die dem Staat das wirtschaftliche Handlungsmonopol entwunden und der Staatselite einen wesentlichen Teil der durch sie zu verteilenden Güter genommen haben. Die Medien haben einen Ausdruck von Pluralität ermöglicht, der vom Staat nur noch bedingt zu kontrollieren ist. Und vielfältige Gruppen politischer, gesellschaftlicher, kultureller, religiöser und ethnischer Programmatik bestreiten den Anspruch des Staates, den Bürger nach Prinzipien zu definieren und zu gestalten, die einer vergangenen Epoche entnommen sind. Der platte „intellektuelle" Diskurs vergangener Jahrzehnte, der sich wesentlich auf die Vorgaben der Kemalisten beschränkte, ist einer facettenreichen Diskussion gewichen, in der es kaum noch Tabus gibt – sie schließt auch Konzepte ein, dem Staat wieder eine religiöse Legitimation zu geben.

Die Türkei ist in der Krise. Dies in jener Bedeutung des griechischen Begriffs „krisis", die als „Antwort" oder „Entscheidung" zu verstehen ist. Der Kemalismus war eine Antwort auf die Herausforderungen der ersten Jahrzehnte der Republik. Angesichts tiefgreifender Veränderungen, die sich mit dem Ende des Ost-West-Konflikts beschleunigt haben und denen sich auch die Türkei nicht entziehen kann, werden neue Antworten auf neue Fragen und Herausforderungen benötigt. Das wohl größte Problem der Türkei liegt heute darin, daß keine Persönlichkeit oder politische Kraft erkennbar ist, den Wandel der türkischen Gesellschaft in einen Wandel der Politik und einen Umbau des Staates umzusetzen. Angesichts des Versagens der Politiker ist das Militär in den letzten Jahren wieder verstärkt in den politischen Raum zurückgekehrt. Waren aus ihm hervorgegangene Persönlichkeiten in der Vergangenheit modernisierende Kräfte, so steht das Militär heute für die Bewahrung des Status quo. Im Hinblick auf die Annäherung des „Kandidaten" Türkei an die EU bildet es geradezu ein Hindernis.

Die Zukunft der Türkei ist mit Deutschland eng verbunden. Über mehr als ein Jahrhundert waren die Beziehungen durchweg freundlich. Die Tatsache, daß heute etwa zweieinhalb Millionen Menschen türkischer Herkunft hierzulande leben, läßt Deutschland von den Entwicklungen in der Türkei nicht unberührt. Daß die Probleme und Konflikte dort auch die Probleme der in Deutschland lebenden Migranten aus der Türkei sind, hat sich in den neunziger Jahren wiederholt gezeigt. Umgekehrt ist die Frage nach dem Status der aus der Türkei stammenden Gemeinschaft in Deutschland ein Bestimmungsfaktor der Beziehungen zwischen beiden Ländern. Trotz aller bestehenden Probleme im Zusammenleben hat sich in Deutschland eine türkischstämmige Elite gebildet, die in vielen Bereichen der Gesellschaft immer sichtbarer wird. Ihr sollte mit Blick auf die Zukunft eine doppelte Aufgabe zufallen: Die Integration der Masse der türkischen Migranten zu fördern und zugleich die politischen Kräfte in der Türkei zu mahnen, den Prozeß der politischen Umgestaltung voranzutreiben, um die Voraussetzungen zu schaffen, im 21. Jahrhundert Mitglied in der Europäischen Union zu werden. Dies wäre dann das Ende eines langen Weges, den die Türkei durch das vergangene Jahrhundert zurückgelegt hat.

Zeittafel

1918	Am 30. Oktober unterzeichnet die osmanische Regierung in Mudros auf der Insel Lemnos die bedingungslose Kapitulation.
1919–1922	Diese Zeit geht als „Jahre des türkischen Befreiungskampfes" in die Geschichte ein.
1919	Am 19. Mai landet Mustafa Kemal in Samsun auf Befehl des Sultans, um nationalistische Unruhen in Zentralanatolien zu beenden. Das ist der eigentliche Beginn der nationalen Widerstandsbewegung. Griechische Truppen besetzen Izmir.
1920	Am 20. Januar verabschiedet die *Gruppe zur Rettung des Vaterlandes* um Kemal den „Nationalpakt", die programmatische Grundlage der Widerstands- und Befreiungsbewegung.
1920	Am 11. Mai unterzeichnet eine Delegation des Sultans den Friedensvertrag von Sèvres und erkennt die territoriale Beschränkung auf das Gebiet von Anatolien an.
1922	Am 1. November beschließt die Große Nationalversammlung die Aufhebung des Sultanats, das Kalifat bleibt unangetastet.
1923	Am 24. Juli wird die Türkei mit Unterzeichnung des Abkommens von Lausanne souverän und am 29. Oktober zur Republik mit der Hauptstadt Ankara erklärt.
1924	Am 3. März wird das islamische Kalifat abgeschafft.
1925	Im Februar bricht ein Kurdenaufstand los. Im Mai ergeben sich die Kurden. Ihre Anführer werden gehenkt. Beginn der kemalistischen Kulturrevolution.
1938	Am 10. November stirbt Mustafa Kemal Atatürk. Ismet Inönü wird neuer Präsident der Türkei.
1950	In den Parlamentswahlen kann die *Demokratische Partei* der *Republikanischen Volkspartei* eine vernichtende Niederlage beibringen. Adnan Menderes wird Ministerpräsident.
1952	Am 18. Februar tritt die Türkei der NATO bei.
1960	Am 27. Mai übernimmt das Militär durch einen Putsch die Macht.
1964	Am 1. Dezember tritt das Assoziierungsabkommen der Türkei mit der Europäischen Wirtschaftsgemeinschaft in Kraft.
1971–1973	Das Militär übernimmt indirekt die Regierungsgewalt, um das Abgleiten des Landes in einen Bürgerkrieg zu verhindern.
1974	Auf Zypern stürzt die Regierung Makarios. Türkische Truppen besetzen einen Teil der Insel.
1980	Am 12. September übernimmt das Militär erneut die Macht (bis 1983).
1983	Turgut Özal gründet die *Mutterlandspartei (ANAP);* er wird als Regierungschef zum Architekten der Rückkehr zu Demokratie und Marktwirtschaft.
1987	Die Türkei stellt am 14. April einen Antrag auf Vollmitgliedschaft in der EU.
1989/90	Die EU lehnt den türkischen Antrag auf Vollmitgliedschaft ab. Mit dem Ausbruch der Unruhen im transkaukasischen Aserbaidschan beginnt das türkische Engagement in Zentralasien.
1991	Im Januar beginnt der Golfkrieg gegen Saddam Husain; die Türkei stellt den USA ihre Militärflugplätze zur Verfügung.

1993 Nach dem Tod von Turgut Özal (17. April) wird Süleyman Demirel Staatspräsident.

1995 Der Assoziationsrat Türkei-EU unterzeichnet am 6. März den Vertrag zur Zollunion.

Bei den Parlamentswahlen im Dezember wird die fundamentalistische *Wohlfahrtspartei* stärkste Gruppierung.

1996 Am 1. Januar tritt die Zollunion zwischen der Türkei und der EU in Kraft.

Mit dem Vertrauensvotum am 8. Juli für die Regierung unter Necmettin Erbakan erhält die Türkei ihren ersten islamistischen Ministerpräsidenten.

1997 Am 18. Juni tritt Ministerpräsident Erbakan unter dem Druck des Militärs zurück.

Am 13. Dezember lehnt der EU-Gipfel in Luxemburg die Türkei als Beitrittskandidaten ab.

1998 Am 29. Oktober feiert die Türkei den 75. Jahrestag der Republik.

1999 Am 16. Februar wird der Führer der *Arbeiterpartei Kurdistans (PKK)*, Abdullah Öcalan, in Nairobi gefangengesetzt und in die Türkei gebracht; er wird im Juni zum Tode verurteilt.

Am 10. Dezember korrigiert der EU-Gipfel in Helsinki die Entscheidung von Luxemburg und räumt der Türkei den Status eines Kandidaten auf Vollmitgliedschaft ein.

2000 Am 5. April lehnt das türkische Parlament eine auf Verlängerung der Amtszeit von Staatspräsident Süleyman Demirel gerichtete Verfassungsänderung ab.

Das Ende der Amtszeit Demirels beschließt eine Ära in der türkischen Politik.

Zum neuen Staatschef wählt das türkische Parlament Ahmet Necdet Sezer.

2001 Im Februar stürzt die Türkei in eine schwere Finanzkrise, die zugleich zu schweren innenpolitischen Belastungen führt.

2002 Bei vorgezogenen Neuwahlen erhält die *Partei für Gerechtigkeit und Entwicklung (AKP)* die absolute Mehrheit. Neben ihr gelingt es nur der *Republikanischen Volkspartei (CHP)*, die Zehn-Prozent-Hürde zu übersteigen und als Oppositionspartei in das Parlament zu gelangen.

2003 Parlament, Regierung und Militär ringen um die Zulassung der Stationierung amerikanischer Truppen auf türkischem Gebiet im Hinblick auf eine militärische Offensive zum Sturz des irakischen Regimes von Saddam Husain. Das Parlament fällt eine negative Entscheidung.

Weiterführende Literatur

Atatürk, Mustafa Kemal: Die neue Türkei 1919–1927. Rede vom 15.–20. Oktober 1927. Band 1 (Der Weg zur Freiheit 1919–1920). Band 2 (Die nationale Revolution 1920–1927). Leipzig 1928

Behrendt, Günter: Nationalismus in Kurdistan. Vorgeschichte, Entstehungsbedingungen und erste Manifestationen bis 1925. Hamburg 1993

Binswanger, Karl: Türkei. In: Ende, Werner / Steinbach, Udo (Hg.): Der Islam in der Gegenwart. München [3]1991. S. 212–220

Birand, Mehmet Ali: The Generals' Coup in Turkey. An Inside Story of 12 September 1980. London / Oxford 1987

Ders.: Shirts of Steel. An Anatomy of the Turkish Armed Forces. London / New York 1991

Blaschke, Joachim / Bruinessen, Martin van (Hg.): Islam und Politik in der Türkei. Berlin 1985

Bruinessen, Martin van: Agha, Scheich und Staat. Die soziale und politische Organisation Kurdistans. Berlin [2]1987

Ende, Werner / Steinbach, Udo (Hg.): Der Islam in der Gegenwart. München ([1]1984) [4]1996

Franz, Erhard: Population Policy in Turkey. Family Planning and Migration between 1960 and 1992. Hamburg 1994

Ders.: Kurden und Kurdentum. Zeitgeschichte eines Volkes und seiner Nationalbewegungen. Hamburg 1986

Gronau, Dietrich: Mustafa Kemal Atatürk oder die Geburt der Republik. Frankfurt a. M. 1994

Grothusen, Klaus-Detlef: Türkei. Südosteuropa-Handbuch. Band IV. Göttingen 1985

Grunebaum, Gustave E. v. (Hg.): Der Islam. Band II. Die islamischen Reiche nach dem Fall von Konstantinopel. Frankfurt a. M. 1971. (Fischer Weltgeschichte. Band 15)

Hale, William: Turkish Politics and the Military. London 1994

Heper, Metin: Historical Dictionary of Turkey. Metuchen, N.J. / London 1994

Heper, Metin / Evin, Ahmet (Hg.): State, Democracy and the Military. Turkey in the 1980s. Berlin / New York 1988

Hütteroth, Wolf-Dieter: Türkei. Darmstadt 1982

Jäschke, Gotthard: Die Türkei seit dem Weltkriege. Geschichtskalender 1918–1928. Berlin 1929 (in: Die Welt des Islams, Band 10); Geschichtskalender 1929–1934 (in: Die Welt des Islams, Band 12 und 15); Geschichtskalender 1935–1941. Leipzig 1943

Ders.: Nationalismus und Religion im türkischen Befreiungskriege. In: Die Welt des Islams. 18(1936). S. 54–69

Karpat, Kemal H.: Turkey's Politics: The Transition to a Multi-Party System. Princeton, New Jersey 1959

Koszinowski, Thomas / Mattes, Hanspeter (Hg.): Nahost-Jahrbuch – Politik, Wirtschaft und Gesellschaft in Nordafrika und dem Nahen und Mittleren Osten. 1987 ff. Deutsches Orient-Institut. Opladen 1988 ff.

Kramer, Heinz: Die Europäische Gemeinschaft und die Türkei. Entwicklung, Probleme und Perspektiven einer schwierigen Partnerschaft. Baden-Baden 1988

Kreiser, Klaus: Kleines Türkei-Lexikon. München 1991

Kündig-Steiner, Werner: Die Türkei. Raum und Mensch, Kultur und Wirtschaft in Gegenwart und Vergangenheit. Tübingen / Basel 1974

Lewis, Bernard: The Emergence of Modern Turkey. London / New York / Toronto 1961

Matuz, Josef: Das Osmanische Reich. Grundlinien seiner Geschichte. Darmstadt 1985

Moltke, Helmuth v.: Unter dem Halbmond. Erlebnisse in der alten Türkei 1835–1939. Hg. v. Helmut Arndt. Berlin / Stuttgart 1984

Rumpf, Christian: Das türkische Verfassungssystem. Einführung mit vollständigem Verfassungstext. Wiesbaden 1996

Schimmel, Annemarie u. a. (Hg.): Der Islam. Band III: Islamische Kultur – Zeitgenössische Strömungen – Volksfrömmigkeit. Stuttgart / Berlin / Köln 1990

Schüler, Harald: Die türkischen Parteien und ihre Mitglieder. Hamburg 1997

Seufert, Günter: Politischer Islam in der Türkei. Stuttgart 1997

Spuler-Stegemann, Ursula: Türkei. In: Ende, Werner / Steinbach, Udo (Hg.): Der Islam in der Gegenwart. München ^{4}1996. S. 232–246

Steinbach, Udo / Robert, Rüdiger (Hg.): Der Nahe und Mittlere Osten. Politik, Gesellschaft, Wirtschaft, Geschichte, Kultur. 2 Bde. Band 1: Grundlagen, Strukturen und Problemfelder. Band 2: Länderanalysen. Opladen 1988

Steinbach, Udo: Türkei, Informationen zur politischen Bildung, Nr. 223. Bundeszentrale für politische Bildung. Bonn 1989

Steinbach, Udo / Hofmeier, Rolf / Schönborn, Mathias (Hg.): Politisches Lexikon Nahost / Nordafrika (mit Beiträgen zur Türkei und Zentralasien). München ^{3}1994

Steinbach, Udo: Die Türkei im 20. Jahrhundert. Schwieriger Partner Europas. Bergisch Gladbach 1996

Unbehaun, Horst: Klientelismus und politische Partizipation in der ländlichen Türkei. Hamburg 1994

Vanly, Ismet Chérif: Kurdistan und die Kurden. Band II: Türkei und Irak. Göttingen 1986

Wedel, Heidi: Lokale Politik und Geschlechterrollen. Stadtmigrantinnen in türkischen Metropolen. Hamburg 1999

Zürcher, Erik J.: Turkey. A Modern History. London / New York 1993

Personenregister